贵州省首批"十四五"职业教育省级规划立项建设教材

中华优秀传统文化
经典诵读

下　册

总主编◎夏千胜　杨秀美　杨通智
主　编◎胡　晓　张　豫　杨秀美

华东师范大学出版社
·上海·

图书在版编目(CIP)数据

中华优秀传统文化经典诵读. 下册/胡晓,张豫,杨秀美主编. —上海:华东师范大学出版社,2024.
ISBN 978-7-5760-5371-5

Ⅰ. K203

中国国家版本馆CIP数据核字第2024X2T396号

中华优秀传统文化经典诵读(下册)

主　　编　胡　晓　张　豫　杨秀美
责任编辑　蒋梦婷
特约审读　富俊玲
责任校对　张佳妮　时东明
装帧设计　俞　越

出版发行　华东师范大学出版社
社　　址　上海市中山北路3663号　邮编 200062
网　　址　www.ecnupress.com.cn
电　　话　021-60821666　行政传真 021-62572105
客服电话　021-62865537　门市(邮购)电话 021-62869887
地　　址　上海市中山北路3663号华东师范大学校内先锋路口
网　　店　http://hdsdcbs.tmall.com

印 刷 者　上海昌鑫龙印务有限公司
开　　本　787毫米×1092毫米　1/16
印　　张　11.75
字　　数　179千字
版　　次　2024年9月第1版
印　　次　2024年9月第1次
书　　号　ISBN 978-7-5760-5371-5
定　　价　35.00元

出 版 人　王　焰

(如发现本版图书有印订质量问题,请寄回本社客服中心调换或电话021-62865537联系)

贵州省首批"十四五"职业教育省级规划立项建设教材

《中华优秀传统文化经典诵读》编委会

编委会主任：邹渊明

编委会副主任：李　立　王　智　李　琴

总主编：夏千胜（立项建设教材主持人）

编委会成员：（按姓氏笔画为序）

　　　　　　王绍文　龙泽强　卢仕萍　卯升府　母明伟　朱名一　刘元友

　　　　　　刘先录　杨秀美　何　林　张　豫　张文明　张德忠　陈　文

　　　　　　陈　丽　陈礼泽　林　林　周　竞　胡　晓　敖怀卫　夏忠胜

　　　　　　徐　欣　喻富学　蔡秋实　黎鹏旭

主审：母明伟　周　竞　龙泽强　张德忠　潘邦道　杨云燕　钟　艳

封面设计：蔡　虎

封面题字：吴维亮

版式设计：蔡　虎　陈　锋

美术编辑：蔡　虎　陈　锋　詹忠元

数字资源制作：胡　晓　王　智　高　丽　聂燕萍　蔡秋实　周文雅　陈世凯

　　　　　　　　杨佳云　陈忠孝　曾　华　黄　艳　孙　飞　陈绍兴

下册主编：胡　晓　张　豫　杨秀美

编写成员：周　琼　高英杰　王　艺　孙　艳　葛秀清　吴宛蓉　周　涛

　　　　　　陈　文　王万红　游晓英　雷　红　陈　交　邓成益　张　运

校对：文　渊　吴春秀

编写说明

BIAN XIE SHUO MING

《中华优秀传统文化经典诵读》是根据教育部办公厅2019年印发的《中等职业教育改革实施方案》和2022年贵州省教育厅《关于开展"十四五"职业教育省级规划教材建设有关工作的通知》的精神,为服务地方经济发展、体现民间传统技艺、传承和弘扬优秀传统文化而编写的地方特色教材。本教材旨在通过经典诵读的形式,引领中职学生深入了解中华优秀传统文化,培养其文化素养和人文精神。

一、教材特色

现代数字媒体技术应用:本教材充分运用现代数字媒体技术,通过影音视频、微课、课件、知识链接等方式,为学生提供丰富多样的学习体验。

贵州地方特色文化融入:教材注重贵州地方特色文化、名胜古迹等资源的融入,通过精美的插图展示贵州的自然风光、红色文化、历史遗迹和民俗文化。

数字资源内容适时更新:教材配套的数字资源,编写组可根据师生的反馈意见和建议,不断进行动态调整,让提供的资源更好地满足师生的使用需求。

二、教材结构

本教材分为上、下两册,每册设计五个主题板块,主题分别为:蒙以养正、立德树人(上册)、天地无言、真爱永恒、美无止境、谱写华章、心系家国、命运与共、砥砺奋进、报国为民、缅怀先烈、桑梓情深(下册)。除上册第一板块外,每个板块均收录20篇文章,每学期每周每板块安排1—2篇诵读文章。

三、使用建议

本教材可作为传统文化选修课程教材使用,也可以作为学生晨读或语文学科课外阅读使用,适用于中职学校一、二年级学生,建议一年级使用上册,二年级使用下册。教师在教学过程中可结合所提供的数字资源,灵活运用多种教学方式,激发学生的学习兴趣。同时鼓励学生积极参与诵读活动,通过亲身实践感受中华优秀传统文化的魅力。

四、版权声明

我们已与选入本书作品(含图片、影音及视频等)的著作权人进行了联系,得到了他们的大力支持。对尚未联系上的著作权人,敬请尽快与我们联系以便支付稿酬和提供样书。

《中华优秀传统文化经典诵读》既是一部经典文献汇编,也是一部融入现代科技的教学辅助资料。我们期待着本书能为中职学生学习、传承和弘扬中华优秀传统文化、提升人文素养提供有力支持。衷心希望中职学校广大老师、同学及时向我们反馈意见和建议,便于我们不断修订和完善。

编写组

2024 年 4 月 29 日

序
XU

2022年4月,习近平总书记致信祝贺首届全民阅读大会举办,指出"阅读是人类获取知识、启智增慧、培养道德的重要途径,可以让人得到思想启发、树立崇高理想、涵养浩然之气",强调"中华民族自古提倡阅读,讲究格物致知、诚意正心,传承中华民族生生不息的精神,塑造中国人民自信自强的品格",号召全社会都参与到阅读中来,形成爱读书、读好书、善读书的浓厚氛围。贺信为打造书香校园、构建书香社会、提高国民素养指明了方向、提供了遵循、注入了强劲动力。

立身之基,在于立学;立学之道,读书为本。中华文明源远流长,中华文化博大精深;文人雅士浩若星辰,璀璨夺目;千年文脉静静流淌,绵延不绝;经典之作涵蕴万象,光照千秋。诗词歌赋、典籍史传,无不闪耀着先贤智慧之光芒。诵读经典,可厚德广智,传承古圣先贤绝学,亦能滋养品格,塑造完美人生。

中等职业学校,既是技能人才成长的摇篮,又是传承和弘扬传统文化的重要阵地。我们组织编写的《中华优秀传统文化经典诵读》教材,旨在诵读经典,与先贤对话,崇德尚雅,修身怡性,启迪智慧,精技立业,传承文化精髓,涵养浩然之气。同时,我们致力于立德树人,在经典诵读中涵养人文底蕴。

诵读经典,宜心静如水,深悟经典之独特韵味。而诵读之道,须持之以恒,积少成多,领略经典之深邃与广博。

在本书编写过程中,我们力求经典性和可读性并重,让诵读者在格物致知、诚意正心的过程中,传承中华民族生生不息的精神,增强文化自信。我们还注重书香校园和书香社会建设,希望通过一届又一届的中职学生传播好声音、传递正能量、凝聚社会共识。

最是书香能致远。一个伟大的民族,一定是在阅读积淀中厚积薄发,最终以智慧和品格赢来世界的尊重。

路漫漫其修远兮,吾将上下而求索。愿本书能成为传承与弘扬优秀传统文化的明灯,照亮莘莘学子通向未来的道路。

夏千胜
2024年5月9日

目录
MU LU

天地无言　真爱永恒　　　　　　　　　　　　　　　　　　　　1

1　伯牙善鼓琴 …………………………………………………… 2
2　行行重行行 …………………………………………………… 4
3　别董大二首 …………………………………………………… 6
4　离思五首·其四 ……………………………………………… 7
5　白雪歌送武判官归京 ………………………………………… 9
6　游子吟 ………………………………………………………… 11
7　过故人庄 ……………………………………………………… 12
8　芙蓉楼送辛渐 ………………………………………………… 14
9　枫桥夜泊 ……………………………………………………… 15
10　望月怀远 …………………………………………………… 17
11　如梦令·常记溪亭日暮 …………………………………… 19
12　如梦令·昨夜雨疏风骤 …………………………………… 21
13　生查子·元夕 ……………………………………………… 22
14　江上渔者 …………………………………………………… 24
15　约客 ………………………………………………………… 25
16　摸鱼儿·雁丘词 …………………………………………… 26
17　木兰花·拟古决绝词柬友 ………………………………… 29
18　自题一绝 …………………………………………………… 31
19　送别 ………………………………………………………… 33
20　归去来兮辞 ………………………………………………… 35

美无止境　谱写华章　39

21	无题·昨夜星辰昨夜风	40
22	破阵子·为陈同甫赋壮词以寄之	42
23	登幽州台歌	44
24	柳边	45
25	青玉案·元夕	46
26	清平乐·村居	48
27	送别	49
28	登飞来峰	50
29	二十四节气歌	52
30	雪梅	53
31	钱塘湖春行	55
32	苏幕遮·碧云天	57
33	江南春	59
34	诉衷情·当年万里觅封侯	61
35	虞美人·听雨	62
36	相见欢·无言独上西楼	63
37	武陵春·春晚	64
38	归园田居·其一	65
39	桃花源记(节选)	66
40	人皆有不忍人之心	68

心系家国　命运与共　71

41	水龙吟·登建康赏心亭	72
42	己亥杂诗	74
43	满江红·写怀	76
44	使至塞上	78
45	出塞二首	79
46	凉州词二首	81

47	夏日绝句	83
48	夜游宫·记梦寄师伯浑	84
49	赴戍登程口占示家人	85
50	步出夏门行·观沧海	87
51	书愤	88
52	十一月四日风雨大作	89
53	垓下歌	90
54	醉中出西门偶书	91
55	狱中题壁	93
56	尽心上	95
57	过零丁洋	97
58	大风歌	99
59	得道多助，失道寡助	100
60	出师表	101

砥砺奋进　报国为民　　　　　　　　　　　　105

61	登鹳雀楼	106
62	上堂开示颂	108
63	卜算子·咏梅	109
64	秋兴八首·其一	110
65	自嘲	111
66	观书有感	113
67	江南逢李龟年	114
68	悲陈陶	115
69	饮酒·其五	116
70	行路难	117
71	关山月	119
72	望洞庭湖赠张丞相	120
73	塞上曲	121

74	太常引·建康中秋夜为吕叔潜赋	123
75	鹊桥仙·纤云弄巧	124
76	老将行	126
77	少年中国说(节选)	128
78	诫子书	130
79	愚公移山	131
80	黄生借书说	133

缅怀先烈　桑梓情深　　　　　　　　　　　137

81	忆秦娥·娄山关	138
82	赠黔府王中丞楚	139
83	南庵次韵二首	141
84	镇远道中	143
85	合唱	144
86	到贵州	147
87	黔之驿	148
88	碧云洞	150
89	王若飞	152
90	落花洞口	154
91	黔峰行	156
92	登采石矶	157
93	奢香流芳	158
94	贵阳秋感	160
95	有感	161
96	游太湖龙觜	162
97	登黔娄山	164
98	丁氏家训诗	165
99	二月十五日别贵州贡士汪汉陈玑辈钱于驻节亭	166
100	乌蒙长歌(节选)	168

西江千户苗寨

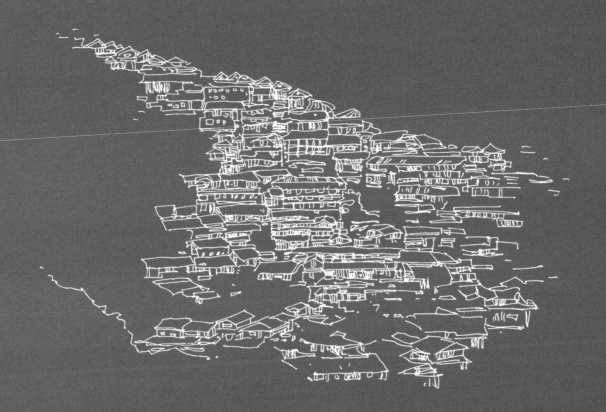

天地无言　真爱永恒

母亲手中密密缝的线，出门前那一声声的叮嘱，以及望着你远去的方向的焦急等待和殷殷期盼；父亲手里坚实的板子，严厉的注视；同学耳边絮叨的酒甜醋酸，朋友离别潇洒转身时酷帅的手势……情——这世间最美的种子，埋在哪里，就在哪里生根发芽，开出最灿烂的花朵。温暖四季，温暖每一片土地，每个人心间。抚平一切忧伤，安慰每一声叹息。

雪中送炭、锦上添花的，千尺量不尽的，一个『愁』字说不完、道不尽的，执手相看的尽头是泪眼的，『长亭外，古道边』的千古绝唱啊！值得珍藏，值得于漫漫人生中去感、去品、去悟、去浅唱、去低吟……

1 伯牙善鼓琴

《列子》

伯牙善鼓琴，钟子期善听。伯牙鼓琴，志在高山。钟子期曰："善哉，峨峨兮若泰山！"志在流水，钟子期曰："善哉，洋洋兮若江河！"伯牙所念，钟子期必得之。伯牙游于泰山之阴，卒逢暴雨，止于岩下，心悲，乃援琴而鼓之。初为霖雨之操，更造崩山之音。曲每奏，钟子期辄穷其趣。伯牙乃舍琴而叹曰："善哉，善哉！子之听夫志，想象犹吾心也。吾于何逃声哉？"

【赏　析】

在传统文化中，音乐一直是重要的艺术形式。《伯牙善鼓琴》不仅是一篇音乐艺术的佳作，更是对传统文化中音乐、哲学和艺术的独特诠释。它展示了古代音乐家们对音乐的热爱和追求，也为后世音乐家提供了宝贵的艺术财富。

它告诉我们，艺术不仅是技艺的展现，更是情感的传递和心灵的沟通。只有真正理解艺术、热爱生活、富有情感的人，才能够创作出真正打动人心的艺术作品。同时，《伯牙善鼓琴》也强调了知音的重要性。在人生旅途中，能够找到一个真正理解自己的人是一种难得的缘分和幸福。这种知音之间的情感交流和默契，使得人生之路更加充满色彩和意义。

【知识链接】

《列子》又名《冲虚真经》，相传为战国列御寇所著，后被尊为《冲虚真经》，其学说被古人誉为常胜之道。

《列子》是中国古代先秦思想文化史上著名的典籍,属于诸子学派著作,是一部智慧之书,它能开启人们的心智,给人以启示,给人以智慧。《汉书·艺文志》道家类录《列子》八篇,班固曰:列子"名圄寇,先庄子,庄子称之"。该书按章节分为《天瑞》《黄帝》《周穆王》《仲尼》《汤问》《力命》《杨朱》《说符》等八篇,每一篇均由多个寓言故事组成,寓道于事。

2　行行重行行

《古诗十九首》

行行重行行,与君生别离。相去万余里,各在天一涯。

道路阻且长,会面安可知。胡马依北风,越鸟巢南枝。

相去日已远,衣带日已缓。浮云蔽白日,游子不顾反。

思君令人老,岁月忽已晚。弃捐勿复道,努力加餐饭。

【赏　析】

　　《行行重行行》是一首写于东汉末年动荡岁月的相思乱离之歌。主题思想聚焦于别离之苦与相思之情。诗中通过生动的比喻和真挚的叙述,表达了浓烈的情感。作者巧妙地运用对比、排比等艺术手法,使得诗句既有力又富有节奏感。修辞上,诗人善用叠词和排比,营造出强烈的情感氛围。

　　诗风朴实而深沉,句式结构严谨又不失流畅,充分展现了古代诗歌的魅力。从历史文化的角度看,该诗反映了古代人民对真挚情感的珍视与追求。其影响意义深远,成为后世诗人研究和借鉴的经典之作,对诗歌艺术的发展产生了积极的推动作用。

【知识链接】

　　《古诗十九首》是中国古代文人五言诗选辑,由南朝萧统从传世无名氏古诗中选录十九首编入《文选》而成。这十九首诗惯上以句首标题,依次为:《行行重行行》《青青河畔草》《青青陵上柏》《今日良宴会》《西北有高楼》《涉江采芙蓉》《明月皎夜光》《冉冉孤生竹》

《庭中有奇树》《迢迢牵牛星》《回车驾言迈》《东城高且长》《驱车上东门》《去者日以疏》《生年不满百》《凛凛岁云暮》《孟冬寒气至》《客从远方来》和《明月何皎皎》。

《古诗十九首》是乐府古诗文人化的显著标志,深刻地再现了文人在汉末社会思想大转变时期,追求的幻灭与沉沦、心灵的觉醒与痛苦,抒发了人生最基本、最普遍的几种情感和思绪。全诗语言朴素自然,描写生动真切,具有浑然天成的艺术风格,被刘勰称为"五言之冠冕"。

3 别董大二首

高 适

千里黄云白日曛,北风吹雁雪纷纷。

莫愁前路无知己,天下谁人不识君?

六翮飘飖私自怜,一离京洛十余年。

丈夫贫贱应未足,今日相逢无酒钱。

【赏　析】

　　两首送别诗表现了诗人与友人董庭兰分别时的惆怅之情,同时也体现了诗人积极向上的精神风貌。第一首前两句通过描绘西北边疆的空旷凄凉、艰苦险恶,突出了友人战胜艰难困苦的大无畏精神。后两句则是对友人的劝慰,鼓励友人振作精神,去迎接新的挑战。两首诗情感真挚,意境深远,表达了诗人对友人的深厚情谊和对其未来发展的美好祝愿。这首诗以其深情厚谊和积极向上的精神风貌,深受历代读者的喜爱和推崇。

【知识链接】

　　高适(704年—765年),渤海蓨(今河北衡水市景县)人,是我国唐代著名的边塞诗人,世称高常侍,作品收录于《高常侍集》。高适与岑参并称"高岑",其诗作笔力雄健,气势奔放,洋溢着盛唐时期所特有的奋发进取、蓬勃向上的时代精神。

4 离思五首·其四

元 稹

曾经沧海难为水,除却巫山不是云。

取次花丛懒回顾,半缘修道半缘君。

【赏析】

这首诗通过运用巧比曲喻的手法,将诗人对亡妻的思念之情表达得淋漓尽致,同时也展示了诗人对爱情的坚贞不渝和执着追求。"曾经沧海难为水,除却巫山不是云",意境深远,情感炽烈却又含蓄蕴藉,成为了人们喜欢借用的一副联语,不仅用来表达爱情的深厚、坚贞、永固,还常被人们用来形容阅历丰富而眼界极高。通过对"沧海之水""巫山之云"的描绘,展示了诗人对亡妻的深深思念和无尽眷恋,具有极高的艺术价值和人文意义。

【知识链接】

元稹(779年—831年),字微之,河南洛阳人,唐朝著名诗人。他与白居易同科及第,并结为终生诗友,共同倡导新乐府运动,世称"元白",诗作号为"元和体"。元稹的诗作情感真挚,语言优美,意境深远,展现了他卓越的文学才华和深情厚谊。他的创作涉及乐府、传奇、诗词等多个领域,成就斐然,对后世影响深远。同时,元稹在政治上也有所建树,曾任监察御史、同中书门下平章事等职,展现出他的政治智慧和才能。

元稹的《离思五首》,都是元稹为了追悼亡妻韦丛而作,写于唐宪宗元和四年(809年)。唐德宗贞元十八年(802年),韦丛20岁时下嫁元稹,元稹与她两情甚笃。7年后韦丛病逝,韦丛去世后,元稹有不少悼亡之作,这一组诗表达了对韦丛的忠贞与怀念之情。

5　白雪歌送武判官归京

岑　参

北风卷地白草折,胡天八月即飞雪。

忽如一夜春风来,千树万树梨花开。

散入珠帘湿罗幕,狐裘不暖锦衾薄。

将军角弓不得控,都护铁衣冷难着。

瀚海阑干百丈冰,愁云惨淡万里凝。

中军置酒饮归客,胡琴琵琶与羌笛。

纷纷暮雪下辕门,风掣红旗冻不翻。

轮台东门送君去,去时雪满天山路。

山回路转不见君,雪上空留马行处。

【赏　析】

　　从诗歌的艺术手法来看,岑参以生动的笔触描绘了塞外风雪的壮美景象,如"北风卷地白草折,胡天八月即飞雪。忽如一夜春风来,千树万树梨花开"等句,通过夸张和比喻的手法,将自然景象与自己的情感相结合,形成了强烈的艺术效果。同时,诗人还通过对细节的描写,如"中军置酒饮归客,胡琴琵琶与羌笛"等句,将送别之情与边塞生活相结合,表达了诗人对友人的深情厚谊和对边塞生活的独特感受。

　　从诗歌的思想内涵来看,也表达了诗人对友人的深情和对边塞生活的独特感悟。

在送别友人的同时,诗人也表达了自己对边塞生活的体验和思考,如"瀚海阑干百丈冰,愁云惨淡万里凝"等句,通过对边塞自然景象的描绘,表达了诗人对边塞苦寒生活的感受和思考。

本诗以其独特的艺术手法和深邃的思想内涵,成为了中国文学史上的经典之作。这首诗不仅展示了诗人对自然景象的敏锐感受和对边塞生活的独特体验,更表达了对友人的深情厚谊和对生命价值的思考,具有较高的艺术价值和人文意义。

6 游子吟

孟 郊

慈母手中线,游子身上衣。

临行密密缝,意恐迟迟归。

谁言寸草心,报得三春晖。

【赏析】

诗人通过对母亲为游子缝制衣服的细节描写,生动地展现了母亲对游子的无微不至的关怀和深深的爱意。同时,诗人在结尾处直抒胸臆,表达了对母爱的无尽感激和敬爱之情,情感真挚自然,令人感动。这首诗不仅展示了诗人对母爱的深深体会和感悟,也启示了我们对母爱要有珍视和感恩之心。

【知识链接】

孟郊(751年—814年),唐代诗人,字东野,汉族,湖州武康(今浙江德清)人,祖籍平昌(今山东临邑东北),先世居洛阳(今属河南)。现存诗歌 500 多首,以短篇的五言古诗最多,代表作有《游子吟》。有"诗囚"之称,又与贾岛齐名,人称"郊寒岛瘦"。元和九年,在阌乡(今河南灵宝)因病去世。张籍私谥为"贞曜先生"。

7 过故人庄

孟浩然

故人具鸡黍,邀我至田家。

绿树村边合,青山郭外斜。

开轩面场圃,把酒话桑麻。

待到重阳日,还来就菊花。

【赏 析】

诗人用平实无华的语言描述了农舍周围的景色:绿树环绕的小村、连绵的青山,以及窗外的谷场和菜园。通过这些细节的描绘,诗人成功地营造了一种宁静和谐的田园氛围。在诗人的笔下,这种生活显得如此简朴而亲切,充满了生活的真实感。

诗中还表达了诗人对田园生活的向往和喜爱。他与朋友的交流,无论是举杯欢饮,还是谈论庄稼的长势,都透露出诗人对这种简单生活的深深喜爱。特别是在诗的最后,诗人表达了对重阳节时再次来访,与朋友共饮菊花酒的期待,进一步彰显了诗人对田园生活的眷恋。

【知识链接】

孟浩然(689年—740年),字浩然,号孟山人,襄州襄阳(今湖北襄阳)人,唐代著名的山水田园派诗人,世称"孟襄阳"。他未曾入仕,又被称为"孟山人"。生于盛唐时期,诗作绝大部分为五言短篇,多写山水田园和隐居的逸兴以及羁旅行役的心情。其中虽不无愤世嫉俗之词,但更多属于诗人的自我表现。他的诗在艺术上有独特的造诣,以清新自然、明快流畅为主要特点,表现了山水田园的静谧、优美和生活的恬淡、闲适。后人把孟浩然与盛唐另一山水诗人王维并称为"王孟",有《孟浩然集》三卷传世。

8 芙蓉楼送辛渐

王昌龄

寒雨连江夜入吴,平明送客楚山孤。

洛阳亲友如相问,一片冰心在玉壶。

【赏析】

　　这是一首送别诗。以芙蓉楼为背景,描绘了诗人在送别友人辛渐时的情感。首句"寒雨连江夜入吴",用寒雨和连夜的江景营造了一种离别的悲凉气氛。次句"平明送客楚山孤",点明送别的时间和地点,楚山的孤独与离别的孤寂相互呼应。后两句"洛阳亲友如相问,一片冰心在玉壶",诗人托辛渐转告洛阳的亲友,自己依然冰清玉洁,坚持操守。这既是对友人的宽慰,也是诗人坚守高洁情操的表白。

【知识链接】

　　王昌龄(698年—757年),字少伯,河东晋阳(今山西太原)人。盛唐著名边塞诗人,被后人誉为"七绝圣手"。早年贫贱,困于农耕,年近不惑,始中进士。初任秘书省校书郎,又中博学宏辞,授汜水尉,因事被贬岭南。与李白、高适、王维、王之涣、岑参等交厚。开元末返长安,改授江宁丞。后又被谤毁,贬为龙标县尉。安史乱起,为刺史闾丘晓所杀。其诗以七绝见长,尤以登第之前赴西北边塞所作边塞诗最著,有"诗家夫子王江宁"之誉。

9　枫桥夜泊

张　继

月落乌啼霜满天，江枫渔火对愁眠。

姑苏城外寒山寺，夜半钟声到客船。

【赏　析】

　　此诗描述了诗人在夜晚停泊于枫桥，观察并感受江南深秋的夜景。诗的前两句"月落乌啼霜满天，江枫渔火对愁眠"，勾画出秋夜静谧而寂寥的画面，乌鸦的啼叫和满天的秋霜增强了夜的静谧感，而江边的枫树和渔火则映照出诗人的孤独和愁绪。

　　诗的后两句"姑苏城外寒山寺，夜半钟声到客船"，则通过寒山寺的夜半钟声，进一步衬托出夜的静谧和深远。钟声回荡在秋夜的空气中，引发了诗人深深的思索和感慨。这首诗既展示了诗人敏锐的观察力和细腻的感受力，也表达了诗人在异乡漂泊的孤独和思乡之情。

　　整首诗意境深远，语言简练，情感真挚，堪称古代诗歌的瑰宝。它不仅让人们领略到江南秋夜的美丽和静谧，也让人们感受到诗人内心的孤独和思乡之情，具有强烈的艺术感染力。

【知识链接】

　　张继(约715年—约779年)，字懿孙，汉族，襄州人(今湖北襄阳人)。唐代诗人，他的生平不甚可知。他的诗爽朗激越，不事雕琢，比兴幽深，事理双切，对后世颇有影响。但可惜流传下来的不到50首。他的最著名的诗是《枫桥夜泊》。

寒山寺位于苏州市姑苏区,始建于南朝萧梁代天监年间(502年—519年),初名"妙利普明塔院"。寒山寺属于禅宗中的临济宗。唐代贞观年间,当时的两位名僧寒山、希迁创建寒山寺。1 000多年内寒山寺先后5次遭到火毁(一说是7次),最后一次重建是在清代光绪年间。历史上寒山寺曾是中国十大名寺之一,寺内古迹甚多,有张继诗的石刻碑文、寒山、拾得的石刻像,文徵明、唐寅所书碑文残片等。

10　望月怀远

张九龄

海上生明月，天涯共此时。

情人怨遥夜，竟夕起相思。

灭烛怜光满，披衣觉露滋。

不堪盈手赠，还寝梦佳期。

【赏　析】

《望月怀远》是唐代诗人张九龄的一首佳作，主要表达了诗人对远方亲人的深深思念。"海上生明月"通过壮阔的意象引发读者对明月的遐想，同时暗示了诗人的心境——开阔而深远。"天涯共此时"更是直接表达了诗人与远方亲人共享此时明月的情感，将思念之情推向高潮。"情人怨遥夜，竟夕起相思"，以直白的语言表达了因思念而产生的怨怼与焦躁，进一步加深了诗歌的情感深度。

这首诗情感真挚，意境深远，诗人通过描绘明月与远方的亲人，将思念之情表达得淋漓尽致。同时，诗人借助明月的意象，寓意思念之情的永恒与美好，使得诗歌的艺术感染力更加强烈。这不仅是一首表达思念之情的佳作，也是一首展示诗人高超诗歌技艺的杰作。

【知识链接】

张九龄(678年—740年)，唐朝大臣。字子寿，一名博物，韶州曲江(今广东韶关)人。

景龙(唐中宗年号,707年—710年)初年进士。唐玄宗时历官中书侍郎、同中书门下平章事、中书令,是唐朝有名的贤相。开元二十四年(736年)为李林甫所潜,罢相。其感遇诗以格调刚健著称。有《曲江集》。

11　如梦令·常记溪亭日暮

李清照

常记溪亭日暮,沉醉不知归路。兴尽晚回舟,误入藕花深处。争渡,争渡,惊起一滩鸥鹭。

【赏　析】

　　这首《如梦令·常记溪亭日暮》以李清照特有的方式表达了她早期生活的情趣和心境,境界优美怡人,以尺幅之短给人以足够的美的享受。用词简练、意象鲜明;场面明晰、自然有趣;情景结合、意蕴深刻。写出了词人青春年少时的好心情,是对词人少女时代美好生活的反映。

【知识链接】

　　李清照(1084 年—1155 年),字易安,号易安居士,汉族,山东省济南章丘人。宋代(南北宋之交)女词人,婉约词派代表,有"千古第一才女"之称。李清照主要成就在于文学上,她工诗善文,更擅长词。李清照词,人称"易安词""漱玉词",以其号与集而得名。善用白描手法,自辟途径,语言清丽。论词强调协律,崇尚典雅,提出词"别是一家"之说,反对以作诗文之法作词。

　　从内容上看其作品分为两个时期。前期的词真实地反映了她的闺中生活和思想感情,题材集中于写自然风光和离别相思。南渡后的词和前期相比迥然不同。国破家亡后政治上的风险和个人生活的种种悲惨遭遇,使她的精神很痛苦,因而她的词作一变早年的清丽、明快,而充满了凄凉、低沉之音,主要是抒发伤时念旧和怀乡悼亡的情感。

李清照词的风格以婉约为主,屹然为一大宗,人称"婉约词宗"。沈谦在《填词杂说》中将李清照与李后主并提:"男中李后主,女中李易安,极是当行本色。"

如梦令:词牌名。又名"忆仙姿""宴桃源""无梦令"等。创调之作是五代后唐庄宗李存勖词,词存《尊前集》:"曾宴桃源深洞。一曲清风舞凤。长记欲别时,和泪出门相送。如梦。如梦。残月落花烟重。"三十三字,七句,五仄韵,一叠韵。

12 如梦令·昨夜雨疏风骤

李清照

昨夜雨疏风骤,浓睡不消残酒。试问卷帘人,却道海棠依旧。知否,知否?应是绿肥红瘦。

【赏　析】

这首《如梦令·昨夜雨疏风骤》是"天下称之"的不朽名篇。这首小令,有人物,有场景,还有对白,充分显示了宋词的语言表现力和词人的才华。小词借宿酒醒后询问花事的描写,曲折委婉地表达了词人的惜花伤春之情,语言清新,词意隽永。

此词借宿酒醒后询问花事的描写,表明了深一层次的意思,即昨夜的酒醉是因为惜花,词人不忍看到明朝海棠花谢,所以昨夜才在海棠花树下饮了过量的酒,直到今朝尚有余醉。清晓酒醒后,所关心的第一件事仍是园中海棠,词人情知海棠不堪一夜风雨的揉损,窗外定是残红狼藉,落花满眼,却又不忍亲见,于是问侍女。"知否,知否?应是绿肥红瘦",既是对侍女的反诘,又像是自言自语。这句对白写出了诗画之所不能道,写出了作者怜花惜花的心情,充分体现出作者对大自然、对春天的热爱,也流露了内心的苦闷。全词篇幅虽短,但含蓄蕴藉,意味深长,以景衬情,委曲精工,轻灵新巧,对人物心理情绪的刻画栩栩如生,以对话推动词意发展,跌宕起伏,极尽传神之妙,显示出作者深厚的艺术功力。

13　生查子·元夕

欧阳修

去年元夜时,花市灯如昼。

月上柳梢头,人约黄昏后。

今年元夜时,月与灯依旧。

不见去年人,泪湿春衫袖。

【赏　析】

上阕写"去年元夜"的事情,头两句写元宵之夜的繁华热闹,花市被灯火照得像白天一样亮,不仅是观灯赏月的好时节,也给恋爱的青年男女以良好的时机,在灯火阑珊处秘密相会,为下文情人的出场渲染出一种柔情的氛围。"月上柳梢头,人约黄昏后"二句言有尽而意无穷,情景交融,描绘了恋人在月光柳影下两情依依、情话绵绵的景象,柔情蜜意溢于言表。

下阕写"今年元夜"的相思之苦,"月与灯依旧"与"不见去年人"相对照,引出了"泪湿春衫袖",将物是人非、旧情难续的感伤表现得淋漓尽致。

【知识链接】

欧阳修(1007年—1072年),字永叔,号醉翁,晚号六一居士,北宋政治家、文学家。宋仁宗天圣八年(1030年)以进士及第,历仕仁宗、英宗、神宗三朝,官至翰林学士、楚国公等,谥号"文忠",故世称欧阳文忠公。宋代文学史上最早开创一代文风的文坛领袖,与韩愈、柳宗元、苏轼、苏洵、苏辙、王安石、曾巩合称"唐宋八大家",并与韩愈、柳宗元、苏轼一起被后人合称"千古文章四大家"。他领导了北宋诗文革新运动。

生查子,词牌名。又名"相和柳""梅溪渡""陌上郎""遇仙楂""愁风月""绿罗裙""楚云深""梅和柳""晴色入青山"等。原唐教坊曲,后用为词调。

14　江上渔者

范仲淹

江上往来人,但爱鲈鱼美。

君看一叶舟,出没风波里。

【赏　析】

　　全诗通过反映渔民劳作的艰苦,希望唤起人们对民生疾苦的注意,体现了诗人对劳动人民的同情。"往来人"与"一叶舟"作对比,"往来人"是养尊处优,不用辛苦劳作的人们;"一叶舟"则是驾着小船,在风浪里出生入死打鱼的劳动者。江上热闹非凡,江下险象环生,这种强烈的对比,表达了诗人对劳动人民的同情之心,呼吁人们对民生疾苦的关注。

15 约 客

赵师秀

黄梅时节家家雨,青草池塘处处蛙。

有约不来过夜半,闲敲棋子落灯花。

【赏　析】

　　此诗以清新自然的语言,通过对环境及人物动作、神态的描写,生动形象地展现了江南夏夜候客不至的情境,表现了诗人闲适恬淡的心情。整首诗语言清新自然,情感真挚动人,是一首值得细细品味的好诗。

【知识链接】

　　赵师秀(1170 年—1219 年),永嘉(今浙江温州)人,字紫芝、灵芝,号灵秀、天乐,南宋诗人。与翁卷、徐玑、徐照一起被称为"永嘉四灵",赵师秀在其中排行第四,但他是最出色的诗人,其诗学姚合、贾岛,尊姚、贾为"二妙",主要作品有《约客》《数日》《二妙集》等。

16 摸鱼儿·雁丘词①

元好问

问世间,情是何物,直教②生死相许③?天南地北双飞客④,老翅几回寒暑。欢乐趣,离别苦,就中更有痴儿女。⑤君应有语:渺万里层云,千山暮雪,只影向谁去?⑥

横汾路,寂寞当年箫鼓,荒烟依旧平楚。⑦招魂楚些何嗟及,山鬼暗啼风雨。⑧天也妒,未信与,莺儿燕子俱黄土。⑨千秋万古,为留待骚人,狂歌痛饮,来访雁丘处。

【注 释】

① 选自《遗山乐府校注》(凤凰出版社2006年版)。雁丘:嘉庆《大清一统志》中记载,雁丘在阳曲县西汾水旁。金元好问赴府试……累土为丘,作《雁丘词》。

② 直教:竟使。

③ 许:随从。

④ 双飞客:大雁双宿双飞,秋去春来,故云。

⑤ "就中"句:这雁群中更有痴迷于爱情的。

⑥ "渺万"三句:万里长途,层云迷漫,千山暮景,处境凄凉,形影孤单为谁奔波呢?

⑦ "横汾"三句:这葬雁的汾水,当年汉武帝横渡时何等热闹,如今寂寞凄凉。平楚:楚指丛木,远望树梢齐平,故称平楚。

⑧ "招魂"二句:我欲为死雁招魂又有何用?雁魂也在风雨中啼哭。

⑨"天也"三句：不信殉情的大雁与普通莺燕一样都寂灭无闻变为黄土，它将声名远播，使天地嫉妒。

【赏　析】

这首咏物词是词人为大雁殉情而死的事所感动而作的，寄托了自己对殉情者的哀思。全词紧紧围绕"情"字，以雁拟人，谱写了一曲凄恻动人的恋情悲歌。这首词名为咏物，实在抒情。在词中，作者驰骋丰富的想象，运用比喻、拟人等手法，对大雁殉情而死的故事，展开了深入细致的描绘，再加以充满悲剧气氛的环境描写的烘托，塑造了忠于爱情、生死相许的大雁的艺术形象，谱写了一曲凄婉缠绵、感人至深的爱情悲歌，是中国古代歌颂忠贞爱情的佳词。

问世间，情是何物，直教生死相许——大雁的生死至情深深地震撼了作者，他将自己的震惊、同情、感动，化为有力的诘问，问自己、问世人、问苍天，究竟"情是何物"？作者的诘问引起读者深深的思索，引发出对世间生死不渝的真情的热情讴歌。

【知识链接】

元好(hào)问（1190年—1257年），字裕之，号遗山，世称遗山先生。金代著名文学家、历史学家。元好问是宋金对峙时期北方文学的主要代表、文坛盟主，又是金元之际在文学上承前启后的桥梁，被尊为"北方文雄""一代文宗"。他擅作诗、文、词、曲。其中以诗作成就最高，其"丧乱诗"尤为有名；其词为金代一朝之冠，可与两宋名家媲美；其散曲虽传世不多，但当时影响很大，有倡导之功。有《元遗山先生全集》《中州集》。

金章宗泰和五年（1205年），年仅十六岁的青年诗人元好问，在赴并州应试途中，听一位捕雁者说，天空中一对比翼双飞的大雁，其中一只被捕杀后，另一只大雁从天上一头栽了下来，殉情而死。年轻的诗人便买下这一对大雁，把它们合葬在汾水旁，建了一个小小的坟墓，叫"雁丘"，并写《雁丘》词一阕，其后又加以修改，遂成这首著名的《摸鱼儿·雁丘词》。

"摸鱼儿"：一名"摸鱼子"，又名"买陂塘""迈陂塘""双蕖怨"等。唐教坊曲，后用为词牌。宋词以晁补之《琴趣外篇》所收为最早。双片一百一十六字，前片六仄韵，后片七仄韵。双结倒数第三句第一字皆领格，宜用去声。

17　木兰花·拟古决绝词柬友^①

纳兰性德

人生若只如初见，何事秋风悲画扇。^②

等闲变却故人^③心，却道故人心易变。

骊山语罢清宵半，泪雨霖铃终不怨。^④

何如薄幸锦衣郎，比翼连枝当日愿。^⑤

【注　释】

① 选自《中国好诗词1 000首》(中国言实出版社2022版)第867页。柬：给……信札。

②"何事"句：用汉朝班婕妤被弃的典故。班婕妤为汉成帝妃，被赵飞燕谗害，退居冷宫，这里是说本应当相亲相爱，但却成了相离相弃。

③ 故人：指情人。

④"骊(lí)山"二句：用唐明皇与杨玉环的爱情典故。借用此典表达即使是最后作决绝之别，也不生怨。

⑤"何如"二句：化用唐李商隐《马嵬》诗中"如何四纪为天子，不及卢家有莫愁"之句意。

【赏　析】

以"人生若只如初见"为主题，通过深情的回忆和感慨，表达了作者对逝去的美好时光的无限追思和怀念。同时，也反映了作者对人生无常和命运无常的深刻思考，以及对真挚情感和友情的珍视和追求。整首词情感真挚动人,语言优美流畅,是一首值得细细品味的好词。

【知识链接】

纳兰性德(1655年—1685年),满洲人,字容若,号楞伽山人。生于显赫的纳兰家族,自幼饱读诗书,才华横溢。他的文学成就以词最为突出,词风婉约清新,情真意切。"纳兰词"在清代以至所有朝代的中国词坛上都享有很高的声誉,在中国文学史上也占有光彩夺目的一席。木兰花,原唐教坊曲名,后用为词牌名。又名"木兰花令"。

18　自题一绝

曹雪芹

满纸荒唐言,一把辛酸泪!

都云作者痴,谁解其中味?

【赏　析】

以"满纸荒唐言,一把辛酸泪"开篇,直接揭示了作者创作《红楼梦》的艰辛与痛苦。这里的"荒唐言"不仅指小说中虚构的情节和人物,更包含了作者对现实世界的无奈和讽刺。而"辛酸泪"则表达了作者在创作过程中经历的种种磨难和辛酸。"都云作者痴,谁解其中味"两句,作者倾诉了自己难以直言的衷曲。他自称为"痴",表达了对文学的热爱和执着,同时也暗示了他在现实生活中所遭受的误解和孤独。而"谁解其中味"则表达了作者对自己作品深沉内涵的自豪和期待,希望有人能够真正理解他的心血和付出。

这首诗不仅展示了曹雪芹的文学才华和深厚情感,更体现了他的独立思考和人文关怀。通过对现实世界的深刻反思和对文学艺术的热爱追求,曹雪芹为我们留下了一部不朽的文学经典——《红楼梦》。这首诗也以其独特的艺术魅力和情感表达方式,成为了中国文学史上的一首经典之作。

【知识链接】

曹雪芹(约1715年—约1763年),名霑,字梦阮,号雪芹,又号芹溪、芹圃,曹雪芹出身清代内务府正白旗包衣世家,他是江宁织造曹寅之孙,曹颙之子(一说曹頫之子)。乾隆二十七年(1762年),幼子夭亡,曹雪芹陷于过度的忧伤和悲痛中,卧床不起。乾隆二十八年(1763年)除夕(2月12日),因贫病无医而逝。

《红楼梦》,别名《石头记》等,中国古代章回体长篇小说,中国古典四大名著之一,通行本共120回,一般认为前80回是清代作家曹雪芹所著,后40回作者为无名氏,整理者为程伟元、高鹗。小说以贾、史、王、薛四大家族的兴衰为背景,以富贵公子贾宝玉为视角,以贾宝玉与林黛玉、薛宝钗的爱情婚姻悲剧为主线,描绘了一些闺阁佳人的人生百态,展现了真正的人性美和悲剧美,可以说是一部从各个角度展现女性美以及中国古代社会百态的史诗性著作。是一部具有世界影响力的人情小说、中国封建社会的百科全书、传统文化的集大成者。更以其丰富深刻的思想底蕴和异常出色的艺术成就使学术界产生了以之为研究对象的专门学问——红学。

19 送 别

李叔同

长亭外,古道边,芳草碧连天。晚风拂柳笛声残,夕阳山外山。

天之涯,地之角,知交半零落。一壶浊酒尽余欢,今宵别梦寒。

长亭外,古道边,芳草碧连天。问君此去几时来,来时莫徘徊。

天之涯,地之角,知交半零落。人生难得是欢聚,惟有别离多。

【赏　析】

歌词简洁而深情,旋律悠扬动听,富有感染力。李叔同巧妙地运用了离别这一普世情感,使得《送别》跨越了时间和文化的障碍,深受人们的喜爱。

歌曲通过描述送别的场景和感受,表达了人们离别时的无奈、感伤和期待。作者以诗人的敏锐捕捉到了离别的精髓,用音乐将情感升华,使人们在歌声中感受到离别的真谛。

《送别》是一首充满情感和诗意的歌曲,李叔同的创作才华和深厚情感在这首歌中得到了完美的展现。它不仅是一首优秀的音乐作品,更是一首能够触动人心的诗篇。

【知识链接】

李叔同(1880年—1942年)初名文涛,改名岸,又名广侯、成蹊,字惜霜,号叔同。浙江平湖人,生于天津。光绪二十七年(1901年)就读于南洋公学经济科。公费留学日本。归国后,任教浙江第一师范学校、两江师范学堂。民国五年(1916年)入杭州定慧寺为僧,法名演音,号弘一。多才艺,编歌演剧、作画治印无所不擅,又通数国文字。为南社社员。诗好作长短不齐之句,奇趣洋溢。词豪婉兼具。有《弘一法师文钞》。今人辑有《李叔同诗全编》,词在集中。

李叔同留日期间,日本词作家犬童球溪采用《梦见家和母亲》的旋律填写了一首名为《旅愁》的歌词。而李叔同作于1914年的《送别》,则取调于犬童球溪的《旅愁》。如今《旅愁》在日本传唱不衰,而《送别》在中国则已成骊歌中的不二经典。

20　归去来兮辞①

陶渊明

余家贫,耕植不足以自给。幼稚盈室,瓶无储粟,生生所资,未见其术。亲故多劝余为长吏,脱然有怀,求之靡途②。会有四方之事,诸侯以惠爱为德,家叔以余贫苦,遂见用于小邑。于时风波未静,心惮远役,彭泽去家百里,公田之利,足以为酒。故便求之。及少日,眷然有归欤之情。何则?质性自然,非矫厉所得。饥冻虽切,违己交病。尝从人事,皆口腹自役。于是怅然慷慨,深愧平生之志。犹望一稔,当敛裳宵逝。寻③程氏妹丧于武昌,情在骏奔,自免去职。仲秋至冬,在官八十余日。因事顺心,命篇曰《归去来兮》。乙巳岁十一月也。

归去来兮!田园将芜胡不归?既自以心为形役④,奚惆怅而独悲?悟已往之不谏,⑤知来者之可追;⑥实迷途其未远,觉今是而昨非。舟遥遥以轻飏,⑦风飘飘而吹衣。问征夫以前路,恨晨光之熹微。

乃瞻衡宇,载欣载奔。僮仆欢迎,稚子候门。三径就荒,松菊犹存。携幼入室,有酒盈樽。引壶觞以自酌,眄庭柯以怡颜。倚南窗以寄傲,审容膝之易安。园日涉以成趣,门虽设而常关。策扶老以流憩,⑧时矫首而遐观。云无心以出岫,⑨鸟倦飞而知还。景翳翳以将入,抚孤松而盘桓。

归去来兮!请息交以绝游。世与我而相违,复驾言兮焉求?悦亲戚之情话,乐琴书以消忧。农人告余以春及,将有事于西畴。或命巾车,或棹孤舟。既窈窕以寻壑,亦崎岖而经丘。木欣欣以向荣,⑩泉涓涓而始流。善万物之得时,感吾生之行休。

已矣乎!寓形宇内复几时,曷不委心任去留?胡为乎遑遑欲何之?富贵非吾愿,帝乡不可期。怀良辰以孤往,或植杖而耘耔。登东皋以舒啸,临清流而赋诗。聊乘化以归尽,乐夫天命复奚疑!

【注 释】

① 选自《陶渊明集校笺》(中国古典文学丛书)(上海古籍出版社 2019 年版)第 453—454 页。归去来兮:意思是"回去吧"。来:表趋向的语助词。兮:语气词。

② 靡途:没有门路。

③ 寻:不久。

④ 以心为形役:让心神为形体所役使。意思是本心不愿出仕,但为了免于饥寒,违背本意做了官。心:意愿。形:形体,指身体。役:奴役。

⑤ 悟已往之不谏:觉悟到过去做错了的事(指出仕)已经不能改正。谏:谏止,劝止。

⑥ 知来者之可追:知道未来的事(指归隐)还可以挽救。追:挽救,补救。

⑦ 舟遥遥以轻飏(yáng):船在水面上轻轻地漂荡着前进。遥遥:摇摆不定的样子。以,而。飏,飞扬,形容船行驶轻快的样子。

⑧ 策扶老以流憩(qì):拄着拐杖出去走走,随时随地休息。策,拄着。扶老,手杖。憩,休息。流憩,游息,即没有固定的地方,到处走走歇歇。

⑨ 云无心以出岫(xiù):云气自然而然地从山里冒出。无心,无意地。岫,有洞穴的山,这里泛指山峰。

⑩ 木欣欣以向荣:草木茂盛。欣欣、向荣:都是草木滋长茂盛的意思。

【赏　析】

《归去来兮辞》以六字句为主,间以三字句、四字句等,韵律悠扬,读起来朗朗上口。陶渊明通过"舟遥遥以轻飏,风飘飘而吹衣"等句,巧妙地运用叠音词,营造出一种音乐感,让人仿佛置身其中,感受到他归隐的迫切心情。同时,陶渊明善用对偶句,如"木欣欣以向荣,泉涓涓而始流",这种修辞手法使得整篇辞赋更具艺术魅力。

《归去来兮辞》不仅是一篇优美的辞赋,更是陶渊明归隐思想的集中体现。它传达了陶渊明对自由、独立和真实自我的追求,同时也反映了他对当时社会的不满和批判。这篇辞赋在中国文学史上具有重要地位,是后人研究和欣赏的重要对象。

【知识链接】

陶渊明(365年—427年),东晋诗人、辞赋家、散文家。一名潜,字元亮,私谥靖节。浔阳柴桑(今江西九江)人。曾任江州祭酒、镇军参军、彭泽令等,后去职归隐,绝意仕途。长于诗文辞赋。诗多描绘田园风光及其在农村生活的情景,其中往往隐喻着对污浊官场的厌恶和不愿同流合污的精神,以及对太平社会的向往;也写及对人生短暂的焦虑和顺应自然、乐天安命的人生观念,有较多哲理成分。其艺术特色兼有平淡与爽朗之胜;语言质朴自然,而又颇为精练,具有独特风格。有《陶渊明集》。

东晋安帝义熙元年(405年),陶渊明弃官归田,作《归去来兮辞》。陶渊明从29岁开始出仕,任官13年,一直厌恶官场,向往田园。他在义熙元年即他41岁时,最后一次出仕,做了80多天的彭泽令即辞官回家。以后再也没有出来做官。陶渊明归隐是出于对腐朽现实的不满。当时郡里一位督邮来彭泽巡视,官员要他束带迎接以示敬意。他气愤地说:"我不愿为五斗米向乡里小儿折腰!"即日挂冠去职,并赋《归去来兮辞》,以明心志。

小七孔

美无止境 谱写华章

春风温煦东来,夏荷笑于湖畔,秋雨送爽,冬雪深藏。峰回水转,春华秋实。如歌四季,如画自然。李白浪漫、杜甫沉郁、鲁迅犀利、李清照婉约、辛弃疾豪放,而『数风流人物,还看今朝』,写尽世间大旷达、大自信!

守住本心,脚踏实地。劳动精神,大国工匠,一样闪亮璀璨。不怨天尤人,自暴自弃。梦,同样在远方;路,照样在脚下。同样『鲜衣怒马少年时,不负韶华行且知』。同样『岁月不拘,天道酬勤』没有风雨,照样没有彩虹。

我相信,只要用汗水和坚持浇灌,就能开出漂亮的花朵。只有将这份坚持延续下去,定能创造属于自己的辉煌。相信将来的某一天,回忆走过的路,可以轻轻感叹:『山高人为峰!』

21　无题·昨夜星辰昨夜风

李商隐

昨夜星辰昨夜风,画楼西畔桂堂东。

身无彩凤双飞翼,心有灵犀一点通。

隔座送钩春酒暖,分曹射覆蜡灯红。

嗟余听鼓应官去,走马兰台类转蓬。

【赏　析】

　　此诗是唐代诗人李商隐的作品,诗中通过描绘昨夜星辰璀璨、微风拂面的美好场景,以及诗人在画楼桂堂与爱人相会的难忘记忆,抒发了诗人对时光流逝、生命短暂的感慨。诗中通过"昨夜"的反复出现,营造出对过去的深深追忆,同时诗人借助彩凤双飞、灵犀相通的意象,传达了尽管有所阻隔,但心灵相通的深情。整首诗意境深远,情感真挚,既表达了对美好时光的怀念,也展现了人生无常、珍惜当下的深刻哲理。

【知识链接】

　　李商隐(约813年—858年),唐代著名诗人,字义山,号玉溪,晚号古坡。李商隐是中国古代诗人中的一位重要代表,他的诗风清丽婉约,语言精致优美,以描写女子、爱情及人世沧桑为主题,被誉为"诗史上的绮怀",对后世影响深远。早年参加科举考试,曾任进士及殿中侍御史等职,但多因仕途受挫而离京遁词,过着贫困而自由的生活。他的诗歌既包括闺怨诗句,也表现了他对人生、自然、历史的深刻思考,被称为"唐代诗人中最有哀意、最富智慧的一位"。李商隐的诗歌在中国古典文学史上占有重要地位,被广泛传颂。其代表作品有《锦瑟》《夜雨寄北》《无题》等,是中国古代诗歌的经典之作。

22　破阵子①·为陈同甫赋壮词以寄之

辛弃疾

醉里②挑灯看剑③,梦回吹角连营。八百里分麾下炙,五十弦翻塞外声,④沙场秋点兵⑤。

马作的卢飞快,⑥风如霹雳⑦弦惊。了却君王天下事,赢得生前身后名。可怜白发生。

【注　释】

① 破阵子:词牌名。原为唐玄宗时教坊曲名,出自《破阵乐》。又名"十拍子"等。

② 醉里:醉酒之中。

③ 挑灯:拨动灯火。看剑:查看宝剑。准备上战场杀敌的形象。

④ 五十弦:本指瑟,泛指乐器。翻:演奏。塞外声:以边塞作为题材的雄壮悲凉的军歌。

⑤ 点兵:检阅军队。

⑥ 马作的卢飞快:战马像的卢马那样跑得飞快。作:像……一样。的卢:马名,一种额部有白色斑点、性烈的快马。相传刘备曾乘的卢马从襄阳城西的檀溪水中一跃三丈,脱离险境。

⑦ 霹雳:特别响的雷声,比喻拉弓时弓弦响如惊雷。

【赏　析】

全词通过描绘军旅生活的雄壮场面,抒发了词人抗金报国、收复中原的壮志豪情。

上片写军营中夜与晓的军容,下片写义军英勇战斗和战斗后的情景。其中"醉里挑灯看剑,梦回吹角连营"等句,生动地表现了词人杀敌报国、收复祖国山河、建立功名的壮烈情怀。全词意境开阔,气魄宏大,格调高昂,是辛词中的杰作。

【知识链接】

辛弃疾(1140年—1207年),字幼安,号稼轩,南宋著名爱国诗人、文学家。辛弃疾是中国历史上著名的抗金抒怀诗人之一,以其慷慨悲愤的爱国诗篇而著称,被誉为"词豪"。

辛弃疾的代表作品包括《水调歌头》《青玉案·元夕》《永遇乐·京口北固亭怀古》等,这些作品慷慨激昂、意境深远,被后人视为中国古代文学珍品。辛弃疾的诗歌成就被认为是中国文学史上的瑰宝之一,他的影响力也延续至今,为后人所推崇和传颂。

23　登幽州台歌

陈子昂

前不见古人，后不见来者。

念天地之悠悠，独怆然而涕下。

【赏　析】

　　此诗是唐代诗人陈子昂的一首著名抒情诗。诗人以慷慨悲凉的调子，通过描绘登高远眺所见的苍茫景象，抒发了自己怀才不遇、报国无门的悲愤之情。诗中的"前不见古人，后不见来者"表达了诗人对时间和空间的无限感慨，同时也暗示了诗人所处的孤独和无奈。整首诗意境深远，气势磅礴，情感真挚，具有强烈的感染力和共鸣力，是中国文学史上的经典之作。

【知识链接】

　　陈子昂（约661年—702年），唐代著名诗人、文学家，字婉贞，号裴君甫，早年考中进士，历任宰相秘书郎等职。他的诗文风格清新俊逸，行云流水，富有思想性和艺术性。他的诗歌表现了对自然景物的独特感悟和对人生命运的深刻思考，倡导实现理想、表明志向的品质。陈子昂的作品在唐代文学中占有重要地位，被誉为"风骨洒脱，志士传神"。

　　诗作有《登幽州台歌》《劝学诗》等，其中《登幽州台歌》被广为传诵，被誉为中国古代名篇之一。他的作品被后人称颂为"太白未醒，杜工未就，而见子昂，亦大矣"。陈子昂对唐代诗歌的发展产生了深远影响，被后人视为唐代文学宗师之一。

24 柳 边

杜 甫

只道梅花发,那知柳亦新。

枝枝总到地,叶叶自开春。

紫燕时翻翼,黄鹂不露身。

汉南应老尽,霸上远愁人。

【赏 析】

　　这是一首充满韵味和深意的诗,通过细腻的观察和丰富的想象,展现了柳树从初春到暮春的变化。诗人通过对柳树的描绘,发出了对生命短暂、时光易逝的感慨,同时也表达了对生命坚韧不拔、适应环境、生生不息的赞美。

25　青玉案①·元夕

辛弃疾

东风夜放花千树。②更吹落、星如雨。③宝马雕车④香满路。凤箫声动,⑤玉壶⑥光转,一夜鱼龙舞⑦。蛾儿雪柳黄金缕。⑧笑语盈盈暗香去。⑨众里寻他千百度。蓦然回首,那人却在,灯火阑珊处。

【注　释】

　　① 青玉案:词牌名,调名取于东汉张衡《四愁诗》中的"美人赠我锦绣段,何以报之青玉案"。又名"横塘路""西湖路",双调六十七字,上下阕各五仄韵,上去通押。

　　② "东风"句:形容元宵夜花灯繁多。花千树:花灯之多如千树开花。

　　③ 星如雨:指焰火纷纷,乱落如雨。星:指焰火。形容满天的烟花。

　　④ 宝马雕车:豪华的马车。

　　⑤ "凤箫"句:指演奏笙、箫等乐器。凤箫:箫的美称。一说即排箫。

　　⑥ 玉壶:比喻明月。亦可解释为灯。

　　⑦ 鱼龙舞:指舞动鱼形、龙形的彩灯,如鱼龙闹海一样。

　　⑧ "蛾儿"句:写元夕的妇女装饰。蛾儿、雪柳、黄金缕:皆为古代妇女元宵节时头上佩戴的各种装饰品。这里指盛装的妇女。

　　⑨ 盈盈:声音轻盈悦耳,亦指仪态娇美的样子。暗香:本指花香,此指女性们身上散发出来的香气。

【赏　析】

　　《青玉案·元夕》是宋代词人辛弃疾创作的一首词。此词从极力渲染元宵节绚丽多彩的热闹场面入手,反衬出一个孤高淡泊、超群拔俗、不同于金翠脂粉的女性形象,寄托着作者政治失意后不愿与世俗同流合污的孤高品格。

全词采用对比手法,上阕极写花灯耀眼、乐声盈耳的元夕盛况。下阕着意描写主人公在好女如云之中寻觅一位立于灯火零落处的孤高女子,构思精妙,语言精致,含蓄婉转,余味无穷。

26　清平乐·村居

辛弃疾

茅檐低小,溪上青青草。醉里吴音相媚好,白发谁家翁媪?大儿锄豆溪东,中儿正织鸡笼。最喜小儿亡赖,溪头卧剥莲蓬。

【赏　析】

　　这首词描绘了一幅乡间风景图,图中有茅屋,小溪,青草,有嬉戏玩耍的孩童,还有满头白发的老人,有锄草的大儿,还有横卧溪头的小儿。作品虽然写得平淡,但正是这样的平淡才把人间的温情展现得淋漓尽致。这样栩栩如生的画面,这样和谐温暖的情景,的确为我们展现了一幅生动的农村风俗画。

27　送　别

王　维

下马饮君酒,问君何所之?

君言不得意,归卧南山陲。

但去莫复问,白云无尽时。

【赏　析】

　　这首诗写送友人归隐。全诗六句,仅第一句叙事,五个字就叙写出自己与友人并辔西行一段路程,然后才下马设酒,饯别友人。下马之处也就是饯饮之地,大概在进入终南山的山口。这样就把题旨点足了。以下五句,是同友人的问答对话。第二句是设问,问友人向哪里去,以设问自然地引出下面的答话,并过渡到归隐,表露出对友人的关切。三、四句是友人的回答。看似语句平淡无奇,细细读来,却是词浅情深,含着悠然不尽的意味。王维笔下的友人是一个隐士,有自己的影子,至于为什么不得意,放在杜甫等人那里一定有许多牢骚,可在这里只是一语带过,更见人物的飘逸性情,对俗世的厌弃以及对隐居生活的向往。

28　登飞来峰

王安石

飞来山上千寻塔,闻说鸡鸣见日升。

不畏浮云遮望眼,只缘身在最高层。

【赏　析】

　　《登飞来峰》描绘了诗人登上飞来峰时的所见所感。起句"飞来山上千寻塔",凸显了山峰之高耸,塔之巍峨。后句"闻说鸡鸣见日升"则表现了作者对自然景色的赞叹。在"不畏浮云遮望眼,只缘身在最高层"中,作者表达了不畏艰难、勇往直前的豪情壮志,同时也暗示了自己政治上的抱负和理想。整首诗意境深远,气势磅礴,不仅表现了自然之美,更抒发了作者的人生追求和哲理思考,具有很高的艺术价值。

29 二十四节气歌

中国古代人民

春雨惊春清谷天,夏满芒夏暑相连。

秋处露秋寒霜降,冬雪雪冬小大寒。

每月两节不变更,最多相差一两天。

上半年来六廿一,下半年是八廿三。

【知识链接】

　　二十四节气,是古代农耕文化的智慧结晶,反映了时令的转换和气候的变迁。《二十四节气歌》以优美的诗句概述了每个节气的特点。其内容丰富,结构紧凑,每个字句都富含深意。诗歌文学价值高,将自然变化与农耕活动相结合,呈现出生动活泼的画面。通过自然意象的描绘,如"春雨惊春清谷天",展现了节气的魅力。情感表达真挚,传递出对自然的敬畏和热爱。节气的存在不仅指导农事活动,还富含深厚文化内涵,传递着中华民族的传统智慧。总的来说,《二十四节气歌》是一首兼具文学价值和实用价值的诗歌,值得我们深入品味和传承。

　　二十四节气谚语:地球绕着太阳转,绕完一圈是一年。一年分成十二月,二十四节紧相连。按照公历来推算,每月两气不改变。上半年是六、廿一,下半年逢八、廿三。这些就是交节日,有差不过一两天。二十四节有先后,下列口诀记心间:一月小寒接大寒,二月立春雨水连;惊蛰春分在三月,清明谷雨四月天;五月立夏和小满,六月芒种夏至连;七月小暑和大暑,立秋处暑八月间;九月白露接秋分,寒露霜降十月全;立冬小雪十一月,大雪冬至迎新年。抓紧季节忙生产,种收及时保丰年。

30 雪 梅

卢梅坡

梅雪争春未肯降,骚人阁笔费评章。

梅须逊雪三分白,雪却输梅一段香。

【赏 析】

　　古今不少诗人往往把雪、梅并写。雪因梅透露出春的信息,梅因雪更显出高尚的品格。如毛泽东的《卜算子·咏梅》中就写道:"风雨送春归,飞雪迎春到。已是悬崖百丈冰,犹有花枝俏。俏也不争春,只把春来报。待到山花烂漫时,她在丛中笑。"雪、梅都成了报春的使者、冬去春来的象征。

　　首句采用拟人手法写梅花与雪花相互竞争,都认为自己是最具早春特色的,而且互不认输,这就将早春的梅花与雪花之美别出心裁、生动活泼地表现出来了。次句写诗人在两者之间难以评判高下。诗人原以为一挥而就,由于难以评判,只好停下笔来思索。"评章"即评价。

　　后两句是诗人对梅与雪的评语。就洁白而言,梅比雪要差一些,但是雪却没有梅花的香味。"三分"形容差得不多,"一段"将香气物质化,使人觉得香气可以测量。前人已经注意到梅与雪的这些特点,如岑参的《白雪歌送武判官归京》中的"忽如一夜春风来,千树万树梨花开",王安石的《梅花》一诗:"墙角数枝梅,凌寒独自开。遥知不是雪,为有暗香来。"但是此诗将梅与雪的不同特点用两句诗概括了出来,写得妙趣横生,也产生了一定的影响。

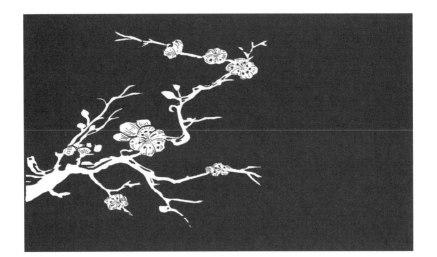

31　钱塘湖春行

白居易

孤山寺北贾亭西,水面初平云脚低。

几处早莺争暖树,谁家新燕啄春泥。

乱花渐欲迷人眼,浅草才能没马蹄。

最爱湖东行不足,绿杨阴里白沙堤。

【赏　析】

　　这是一首描绘西湖美景的名篇。这诗处处扣紧环境和季节的特征,把刚刚披上春天外衣的西湖描绘得生意盎然,恰到好处。

　　诗的首联紧扣题目总写湖水。前一句点出钱塘湖的方位和四周"楼观参差"的景象,两个地名连用,显示诗人是在一边走,一边观赏。后一句正面写湖光水色:春水初涨,水面与堤岸齐平,空中舒卷的白云和湖面荡漾的波澜连成一片,正是典型的江南春湖的水态天容。

　　颔联从静到动,从全景的写意到细节的工笔。先写仰视所见禽鸟,莺在歌,燕在舞,显示出春天的勃勃生机。黄莺和燕子都是春天的使者,莺声婉转,传播春回大地的喜讯;燕子勤劳,又启迪人们开始春日的劳作,都写出了初春的生机。"几处"二字,勾画出莺歌的此呼彼应和诗人左右寻声的情态。"谁家"二字的疑问,又表现出诗人细腻的心理活动,并使读者由此产生丰富的联想。

　　颈联写俯察所见花草。因为是早春,还未到百花盛开的季节,所以能见到的尚不是姹紫嫣红开遍,而是东一团、西一簇,用一个"乱"字来形容。而春草也还没有长得丰茂,仅只有没过马蹄那么长,所以用一个"浅"字来形容。这一联中的"渐欲"和"才能"又是诗人观察、欣赏的感受和判断,这就使客观的自然景物化为带有诗人主观感情色彩的眼中景物,使读者受到感染。

32　苏幕遮①·碧云天

范仲淹

碧云天,黄叶地,秋色连波,波上寒烟翠。山映斜阳天接水,芳草②无情,更在斜阳外。

黯乡魂,③追旅思,④夜夜除非,好梦留人睡。明月楼高休独倚,酒入愁肠,化作相思泪。

【注　释】

① 苏幕遮:原唐教坊曲名,来自西域,后用作词牌名。又名"云雾敛""鬓云松令"。
② 芳草:常暗指故乡。因此,这两句有感叹故乡遥远之意。
③ 黯乡魂:因思念家乡而黯然神伤。黯:形容心情忧郁。乡魂:思乡的情思。
④ 追旅思(sì):追:追随,这里有缠住不放的意思。旅思,旅居在外的愁思。思:心绪,情怀。

【赏　析】

抒写羁旅乡思之情,此词主要特点在于能以沉郁雄健之笔力抒写低回婉转的愁思,声情并茂,意境宏深,与一般婉约派的词风确乎有所不同。清人谭献誉之为"大笔振迅"之作(《谭评词辨》),实属确有见地的公允评价。王实甫《西厢记》《长亭送别》一折,直接使用这首词的起首两句,衍为曲子,竟成千古绝唱。

上片写景,下片抒情,这本是词中常见的结构和情景结合的方式,其特殊性在于丽景与柔情的统一,更准确地说,是阔远之境、秾丽之景、深挚之情的统一。写乡思离愁的词,往往借萧瑟的秋景来表达,这首词所描绘的景色却阔远而秾丽。它一方面显示了词人胸襟的广阔和对生活对自然的热爱,反过来衬托了离情的可伤,另一方面又使下片所抒之情显得柔而有骨,深挚而不流于颓靡。整体说来,这首词的用语与手法虽与一般的词类似,意境情调却近于传统的诗。这说明,抒写离愁别恨的小词是可以写得境界阔远,不局限于闺阁庭院的。

33　江南春

杜　牧

千里莺啼绿映红,水村山郭酒旗风。

南朝四百八十寺,多少楼台烟雨中。

【赏　析】

　　诗中不仅描绘了明媚的江南春光,而且还再现了江南烟雨蒙蒙的楼台景色,使江南风光更加神奇迷离,别有一番情趣。迷人的江南,经过诗人生花妙笔的点染,显得更加令人心旌摇荡了。这首诗四句均为景语,有众多意象和景物,有植物有动物,有声有色,景物也有远近之分,动静结合,各具特色。全诗以轻快的文字、极具概括性的语言描绘了一幅生动形象、丰富多彩而又有气魄的江南春画卷,呈现出一种深邃幽美的意境,表达出一缕缕含蓄深蕴的情思,千百年来素负盛誉。

34 诉衷情①·当年万里觅封侯②

陆 游

当年万里觅封侯,匹马戍梁州。关河梦断何处?③尘暗旧貂裘。④

胡⑤未灭,鬓先秋,泪空流。此生谁料,心在天山⑥,身老沧洲⑦。

【注 释】

① 诉衷情:词牌名。

② 万里觅封侯:奔赴万里外的疆场,寻找建功立业的机会。

③ 关河:关塞、河流。此处泛指汉中前线险要的地方。梦断:梦醒。

④ 尘暗旧貂裘:貂皮裘上落满灰尘,颜色暗淡。这里借用苏秦典故,说自己不受重用,未能施展抱负。

⑤ 胡:古泛称西北各族为胡,亦指来自彼方之物。此处指金国的入侵者。

⑥ 天山:这里代指南宋与金国相持的西北前线。

⑦ 沧洲:靠近水的地方,古时常用来泛指隐士居住之地。这里是指作者位于镜湖之滨的家乡。

【赏 析】

此词描写了作者一生中最值得怀念的一段岁月,通过今昔对比,反映了一位爱国志士的坎坷经历和不幸遭遇,表达了作者壮志未酬、报国无门的悲愤不平之情。上片开头追忆作者昔日戎马疆场的意气风发,接写对当年宏愿只能在梦中实现的失望;下片抒写敌人尚未消灭而英雄却已迟暮的感叹。全词格调苍凉悲壮,语言明白晓畅,用典自然,不着痕迹,不加雕饰,如叹如诉,有较强的艺术感染力。

35 虞美人①·听雨

蒋 捷

少年听雨歌楼上,红烛昏罗帐。②壮年听雨客舟中,江阔云低、断雁③叫西风。

而今听雨僧庐④下,鬓已星星⑤也。悲欢离合总无情,一任⑥阶前、点滴到天明。

【注 释】

① 虞美人:著名词牌之一,唐教坊曲。
② 昏:昏暗。罗帐:古代床上的纱幔。
③ 断雁:失群孤雁。
④ 僧庐:僧寺,僧舍。
⑤ 星星:白发点点如星,形容白发很多。
⑥ 一任:听凭。

【赏 析】

历代诗人的笔下,绵绵不断的细雨总是和"愁思"难解难分,如:"梧桐更兼细雨,到黄昏,点点滴滴,这次第,怎一个愁字了得?""欲黄昏,雨打梨花深闭门。"但是在蒋捷的词里,同是"听雨",却因时间不同、地域不同、环境不同而有着迥然不同的感受。词人从"听雨"这一独特视角出发,通过时空的跳跃,依次推出了三幅"听雨"的画面,而将一生的悲欢歌哭渗透、融会其中。这首词以"听雨"为线索,以时间为顺序,选取作者一生三个典型片段,凸显词人晚年悲苦凄凉的境遇和心情。同是听雨,不同的年龄,不同的环境,不同的际遇,有着截然不同的感受。

36　相见欢·无言独上西楼

李　煜

无言独上西楼,月如钩。寂寞梧桐深院锁清秋。

剪不断,理还乱,是离愁。别是一般滋味在心头。

【赏　析】

　　"剪不断,理还乱,是离愁",用丝喻愁,新颖而别致。前人以"丝"谐音"思",用来比喻思念,李煜用"丝"来比喻"离愁",别有一番新意。然而丝长可以剪断,丝乱可以整理,而那千丝万缕的"离愁"却是"剪不断,理还乱"。阅历了人间冷暖、世态炎凉,经受了国破家亡的痛苦折磨,这诸多的愁苦悲恨哽咽于词人的心头难以排遣。作者尝尽了愁的滋味,而这滋味,是难以言喻、难以说完的。

　　"别是一般滋味在心头",紧承上句写出了李煜对愁的体验与感受。以滋味喻愁,而味在酸甜之外,它根植于人的内心深处,是一种独特而真切的感受。"别是"二字极佳,昔日唯我独尊的天子,如今成了阶下囚,备受屈辱,遍历愁苦,心头淤积的是思、是苦、是悔、还是恨……词人自己也难以说清,常人更是体会不到。若是常人,倒可以号啕倾诉,而李煜不能。他是亡国之君,即使有满腹愁苦,也只能"无言独上西楼",眼望残月如钩、梧桐清秋,将心头的哀愁、悲伤、痛苦、悔恨强压在心底。这种无言的哀伤更胜过痛哭流涕之悲。

37 武陵春·春晚

李清照

风住尘香花已尽,日晚倦梳头。

物是人非事事休,欲语泪先流。

闻说双溪春尚好,也拟泛轻舟。

只恐双溪舴艋舟,载不动许多愁。

【赏析】

　　整首词语言优美,意境深远,情感真挚而深沉。李清照巧妙地运用多种修辞手法,特别是比喻,将抽象的情感化为具体的物象,让读者能够深切地感受到她内心深处的情感波动。词中既有对逝去时光的怀念,也有对当下处境的无奈;既有对美好春景的向往,也有对沉重愁苦的抒发。此外,这首词还体现了李清照词作的艺术特色,即情感真诚、语言清丽、意境深远。她以第一人称的口吻,用深沉忧郁的旋律,塑造了一个于孤苦凄凉的环境中流荡无依的才女形象,令人读来不禁为之动容。

38 归园田居·其一

陶渊明

少无适俗韵,性本爱丘山。

误落尘网中,一去三十年。

羁鸟恋旧林,池鱼思故渊。

开荒南野际,守拙归园田。

方宅十余亩,草屋八九间。

榆柳荫后檐,桃李罗堂前。

暧暧远人村,依依墟里烟。

狗吠深巷中,鸡鸣桑树颠。

户庭无尘杂,虚室有余闲。

久在樊笼里,复得返自然。

【赏 析】

《归园田居·其一》是晋宋之际文学家陶渊明的组诗作品《归园田居五首》的第一首。此诗描绘了诗人退隐之后,在乡间过起了怡然自得的田园生活。这首诗最突出的特点是对田园生活的热爱。作者以白描的手法,如实地描写了自己的所见所感,并将这些见闻信手拈来,加以剪裁,组合成一幅完整的田园风光图。诗的语言质朴无华,意境清新隽永,充满了对污浊官场的厌恶和对田园生活的向往。

39　桃花源记(节选)

陶渊明

晋太元中,武陵人捕鱼为业。缘溪行,忘路之远近。忽逢桃花林,夹岸数百步,中无杂树,芳草鲜美,落英缤纷。渔人甚异之。复前行,欲穷其林。林尽水源,便得一山,山有小口,仿佛若有光。便舍船,从口入。初极狭,才通人。复行数十步,豁然开朗。土地平旷,屋舍俨然,有良田、美池、桑竹之属。阡陌交通,鸡犬相闻。其中往来种作,男女衣着,悉如外人。黄发垂髫,并怡然自乐。见渔人,乃大惊,问所从来。具答之。便要还家,设酒杀鸡作食。村中闻有此人,咸来问讯。自云先世避秦时乱,率妻子邑人来此绝境,不复出焉,遂与外人间隔。问今是何世,乃不知有汉,无论魏晋。此人一一为具言所闻,皆叹惋。余人各复延至其家,皆出酒食。停数日,辞去。此中人语云:"不足为外人道也。"

【赏　析】

《桃花源记》是东晋文学家陶渊明的代表作之一。文章以武陵渔人误入桃花源为线索,通过描绘桃花源的美景和人们的生活状态,展现了作者对理想社会的向往和追求。文章以简练明快的语言,生动形象的描写,以及丰富的想象和深刻的寓意,成为了中国文学史上的一篇经典之作。

文章通过描绘桃花源的美丽景色和人们的生活状态,展现了作者对理想社会的向往和追求。桃花源的景色美丽而神秘,人们的生活安逸而幸福,没有战乱和纷扰,这种理想的社会状态是作者心中所向往的。同时,作者也通过描写桃花源人的热情好客和淳朴善良,表达了自己对人性之美好的追求和赞美。

40　人皆有不忍人之心①②

孟　子

孟子曰："人皆有不忍人之心。先王有不忍人之心，斯有不忍人之政矣。以不忍人之心行不忍人之政，治天下可运之掌上。所以谓人皆有不忍人之心者：今人乍③见孺子将入于井，皆有怵惕④恻隐⑤之心；非所以内交⑥于孺子之父母也，非所以要誉⑦于乡党朋友也，非恶其声而然⑧也。由是观之，无恻隐之心，非人也；无羞恶之心，非人也；无辞让之心，非人也；无是非之心，非人也。恻隐之心，仁之端也；羞恶之心，义之端也；辞让之心，礼之端也；是非之心，智之端也。人之有是四端也，犹其有四体也。有是四端而自谓不能者，自贼者也；谓其君不能者，贼其君者也。凡有四端于我者，知皆扩而充之矣，若火之始然，泉之始达。苟能充之，足以保⑨四海；苟不充之，不足以事父母。"

【注　释】

① 本文出自《孟子》卷三《公孙丑章句上》第六章。
② 不忍人之心：怜悯心，同情心。
③ 乍：突然、忽然。
④ 怵惕：惊惧。
⑤ 恻隐：哀痛，同情。
⑥ 内交：结交。内：同"纳"。
⑦ 要誉：博取名誉。要：同"邀"，求。

⑧ 然:同"燃"。

⑨ 保:定,安定。

【赏　析】

　　《人皆有不忍人之心》是一篇充满人性关怀和道德智慧的经典之作,对于我们理解和实践道德行为有着重要的指导意义。

　　孟子在此篇中阐述了人性本善的观点,认为每个人都有不忍之心,即看到他人的痛苦和困境时会感到同情和怜悯。这种不忍之心是人性中最基本、最原始的情感,也是道德行为的基础。通过强调不忍之心的重要性,孟子呼吁人们应该发扬这种同情心,关爱他人,行善积德,实现个人和社会的共同进步。这种思想不仅对于当时的社会有着重要的启示意义,也对现代社会的道德建设产生了深远的影响。

织金洞

心系家国 命运与共

在庆祝中国共产党成立100周年的大会上,从天安门广场传来的青春誓言,喊出了全国亿万青年的心声:我泱泱华夏,一撇一捺都是脊梁;我神州大地,一思一念皆是未来;我浩浩九州,一文一墨均是骄阳。愿以吾辈之青春,护卫盛世之中华。

时光不老,连接着充满信心的未来;收藏过去,是为了明天更好地出发。少年不惧岁月长,彼方尚有荣光在。翻山越岭,只为追求学识;全力以赴,只为改变人生。追光而遇,沐光而行。做一个有理想,有本领,有担当的新时代青年。

41 水龙吟·登建康赏心亭

辛弃疾

楚天千里清秋,水随天去秋无际。遥岑远目,献愁供恨,玉簪螺髻。落日楼头,断鸿声里,江南游子。把吴钩看了,栏杆拍遍,无人会,登临意。

休说鲈鱼堪脍,尽西风、季鹰归未?求田问舍,怕应羞见,刘郎才气。可惜流年,忧愁风雨,树犹如此。倩何人唤取,红巾翠袖,揾英雄泪?

【赏　析】

"楚天千里清秋，水随天去秋无际"，即以壮阔的笔调描绘出建康一带的秋景。楚天辽阔，秋水澄澈，远眺天际，水天一色，无边无际。这一景象不仅展示了词人开阔的视野，也透露出其内心的豁达与豪情。接着，"遥岑远目，献愁供恨，玉簪螺髻"三句，词人运用比喻和拟人手法，将远山比作美人，以玉簪螺髻形容其形态，借以表达内心的愁恨之情。词人登高远望，远山在目，触景生情，不禁想起家国之事，心中涌起一股难以名状的忧愁和愤恨。"落日楼头，断鸿声里，江南游子"三句，词人进一步描绘了自己孤独的身影。夕阳余晖映照在楼头，孤雁的哀鸣声在耳边回荡，词人身处异乡，孤独无依，心中更添悲凉。这里的"江南游子"不仅指词人自己，也暗含了对故国的眷恋与思念。下片用三个典故对四位历史人物进行褒贬，从而表白自己以天下为己任的抱负。叹惜流年如水，壮志成灰，最后流下英雄热泪。词作通过登高望远、借景抒情的手法，将自己的情感与自然风光、历史人物紧密结合，展现出一种壮志未酬、忧国忧民的情怀。语言优美、情感真挚、意境深远，是中国古代文学中的瑰宝之一。

【知识链接】

辛弃疾，字幼安，号稼轩，历城人也。生于南宋之际，为一代杰出爱国词人，南宋豪放词派之重要代表。其词风继承苏轼之余韵，更发扬其独特之处，故与苏轼并称为"苏辛"。稼轩词现存六百余篇，内容丰富，情感深沉，充分展现了辛弃疾的豪情壮志与爱国情怀。稼轩之词，以豪放著称，其语言质朴自然，意境开阔，情感真挚。其词作多抒发对国家兴亡的关切，对民族命运的担忧，以及对个人命运的无奈与抗争。

42　己亥杂诗

龚自珍

一

浩荡离愁白日斜,吟鞭东指即天涯。

落红不是无情物,化作春泥更护花。

二

九州生气恃风雷,万马齐喑究可哀。

我劝天公重抖擞,不拘一格降人才。

【赏　析】

"浩荡离愁白日斜"展现了诗人面对离别时的宏大情感。白日斜照,寓意时间的流逝与人生的无常,进一步加深了离愁的沉重感。"吟鞭东指即天涯"则表达了诗人对未来的期待与迷茫。吟鞭东指,暗示着诗人向着东方的追求和探索。而"即天涯"则揭示了诗人对未知远方的渴望与不安,这种情感与离愁交织在一起,形成了一种复杂的情感体验。诗中对于"落红"的描绘,既是自然界的常见现象,也是诗人内心情感的象征。通过"落红不是无情物,化作春泥更护花"这样的比喻,表达了自己对于国家和人民的深厚情感,即使面临生命的终结,也要将自己的力量贡献给社会,为后人铺就一条更好的道路。这种"春蚕到死丝方尽,蜡炬成灰泪始干"的精神,正是龚自珍一生的写照。这两首诗不仅展示了诗人深沉的情感,也体现了其对时代和社会的独特见解,以豪放的笔触,表达了诗人对离别、自然、社会及人才的看法。

【知识链接】

龚自珍(1792年—1841年),字伯定,号定庵,清代著名文学家、思想家。被柳亚子誉为"三百年来第一流",著有《定庵文集》,今人辑有《龚自珍全集》。他的诗作常常饱含深沉的历史感慨与对现实的独到见解,其《己亥杂诗》更是其晚年心境的集中体现,展现了诗人对于时代变迁、个人命运乃至整个国家前途的深刻思考。

43　满江红·写怀

岳　飞

怒发冲冠,凭栏处、潇潇雨歇。抬望眼、仰天长啸,壮怀激烈。三十功名尘与土,八千里路云和月。莫等闲、白了少年头,空悲切。

靖康耻,犹未雪。臣子恨,何时灭。驾长车,踏破贺兰山缺。壮志饥餐胡虏肉,笑谈渴饮匈奴血。待从头、收拾旧山河,朝天阙。

【赏　析】

　　上片,岳飞以激昂的语调表达了他对建功立业的渴望。他描绘了一幅生动的画面,把自己比作一个愤怒的战士,抬望眼,仰天长啸,充满了豪情壮志。他强调"莫等闲、白了少年头,空悲切",提醒人们要珍惜青春,抓住时机为国家建功立业。

　　下片,岳飞则转向对国家的深深忧虑。他回忆起靖康之变,国破家亡的耻辱,表达了他的悲愤之情。他誓言要"壮志饥餐胡虏肉,笑谈渴饮匈奴血",显示了他对敌人的深深痛恨和对国家的深深忠诚。

　　最后,他描绘了收复河山,朝拜京阙的壮丽景象,表达了他对国家未来的美好憧憬。这首词充满了岳飞的豪情壮志和忧国忧民之情。他以激昂的语调和生动的画面,表达了他对国家的深深忧虑和对个人壮志的坚定追求,展示了他的高尚品格和伟大精神。

【知识链接】

　　岳飞(1103年—1142年),字鹏举,是中国历史上备受赞誉的军事家、战略家以及民族英雄,被尊为南宋"中兴四将"之首。岳飞不仅是南宋杰出的统帅,更是一位具有深远眼光的战略思想家。岳飞的战略思想和主张,不仅在他的军事生涯中得到了充分的体现,而且对中国历史的发展产生了深远的影响。他以其卓越的军事才能和坚定的民族气节,赢得了后世的崇敬和纪念。

44　使至塞上

王　维

单车欲问边,属国过居延。

征蓬出汉塞,归雁入胡天。

大漠孤烟直,长河落日圆。

萧关逢候骑,都护在燕然。

【赏　析】

　　这是一首边塞诗。此诗以描绘边疆景象和表达诗人情感为主线,通过细腻入微的笔触和深沉凝重的情感,展示了诗人对国家边疆安全的关切以及对个人命运的无奈和感慨。首先,诗人在诗中通过对边疆风光的描绘,勾画出一幅辽阔而荒凉的塞外图景。诗人运用丰富的意象和生动的比喻,如"长河落日圆""大漠孤烟直"等,将边疆的广袤、孤寂和荒凉表现得淋漓尽致。其次,诗人在诗中表达了对国家边疆安全的关切,在描绘边疆景象的同时,不忘提醒人们关注边疆的安全和稳定。最后,诗人在诗中表达了对个人命运的无奈和感慨,不仅体现了诗人的个人情感,也反映了唐代人民在边疆生活中的普遍困境。这首诗不仅具有很高的艺术价值,也具有深远的历史意义和社会价值。

45　出塞二首

王昌龄

一

秦时明月汉时关,万里长征人未还。

但使龙城飞将在,不教胡马度阴山。

二

骝马新跨白玉鞍,战罢沙场月色寒。

城头铁鼓声犹震,匣里金刀血未干。

【赏　析】

　　以边塞士兵的视角,描绘了战争与和平、离别与重逢、豪情与柔情等多重情感交织的复杂心理。诗中既有对战争残酷现实的深刻揭示,也有对和平安宁生活的无限向往;既有离别时的肝肠寸断,也有重逢时的喜极而泣。这种情感的多维度展示,使得诗歌具有极强的感染力和共鸣力。其次,从诗歌艺术手法来看,王昌龄在《出塞二首》中运用了丰富的修辞手法和意象营造,使得诗歌既具有深厚的文化内涵,又富有生动的艺术表现力。

他善于运用比喻、夸张、对比等手法,将边塞风光、战争场景、人物情感等描绘得栩栩如生,给人以强烈的视觉冲击和心灵震撼。

【知识链接】

　　王昌龄,唐代杰出的诗人,被誉为"诗家夫子""七绝圣手",他的诗作情感深沉,语言凝练,影响深远。不仅展现了唐代边疆的壮丽景色,更揭示了边疆士兵的艰辛生活和豪情壮志。既是对唐代边疆生活的真实写照,也是他对人生、对国家、对民族的深深思考。雄浑的边塞风情,蕴藏着深沉的人生哲理,是中国古代诗歌中的瑰宝。

46　凉州词二首

王之涣

一

黄河远上白云间,一片孤城万仞山。

羌笛何须怨杨柳,春风不度玉门关。

二

单于北望拂云堆,杀马登坛祭几回。

汉家天子今神武,不肯和亲归去来。

【赏　析】

　　"一"以"黄河远上白云间"开篇,展现出黄河远流的辽阔景象,为全诗定下了雄浑的基调。接着,"一片孤城万仞山"描绘了边塞孤城的孤寂与坚韧,凸显了边地军民的顽强意志。羌笛与杨柳的对比,进一步强调了边塞生活的艰辛与不易。而"春风不度玉门关"则暗示了边塞的荒凉与隔绝,表达了诗人对边地军民深深的同情与敬意。而"二"中,诗人则将视角转向历史,通过对"单于北望拂云堆"的描绘,展现了边疆少数民族对中原王朝的复杂情感。杀马登坛的祭礼,既体现了少数民族的信仰与习俗,也暗含了他们对于和平的渴望。而"汉家天子今神武"则是对中原王朝的一种赞美,体现了诗人对于国家强盛的自豪。最后一句"不肯和亲归去来",则表达了诗人对于民族关系的深刻思考,既体现了诗人对于国家利益的关切,也流露出诗人对于和平与安宁的深切向往。

【知识链接】

王之涣,字季凌,唐朝时期的著名诗人。他的诗歌以边塞题材为主,风格豪放,意境深远。他的诗作《凉州词》《登鹳雀楼》等,都是脍炙人口、广为流传的佳作。在这些作品中,他以其敏锐的观察力和丰富的想象力,将边塞的风光、战士的豪情、思乡的哀愁,描绘得淋漓尽致,令人回味无穷。在《凉州词》中,他描绘了边塞的荒凉与萧瑟,战士的豪情与悲壮。他用细腻的笔触,勾勒出一幅幅生动的画面,让读者仿佛置身于那广袤的边塞,感受到那凛冽的寒风、那悲壮的战歌。他笔下的战士,英勇无畏,豪情满怀,他们为了国家的安宁,舍生忘死,令人敬佩。

47　夏日绝句

李清照

生当作人杰,死亦为鬼雄。

至今思项羽,不肯过江东。

【赏　析】

　　从诗的开头"生当作人杰,死亦为鬼雄"可以看出,李清照对人生的态度是积极向上的。她认为,人生在世,应当有所作为,力求卓越,即使死后化为鬼魂,也要成为英勇无畏的雄魂。这种豪迈的人生态度,既体现了她的高尚情操,也展示了她的坚定信念。其次,诗中的"至今思项羽,不肯过江东"二句,通过引用历史人物项羽的故事,进一步强化了诗的主题。此外,诗中运用了对仗的修辞手法,使得诗句更加紧凑有力,富有节奏感。同时,她还通过简洁明快的语言,表达了深沉的情感和坚定的信念,使得这首诗具有很高的艺术价值。

48　夜游宫·记梦寄师伯浑

陆　游

雪晓清笳乱起,梦游处,不知何地。铁骑无声望似水。想关河:雁门西,青海际。

睡觉寒灯里,漏声断,月斜窗纸。自许封侯在万里。有谁知,鬓虽残,心未死!

【赏　析】

　　词的上片写梦境,描写的是抗战英雄驰骋沙场,所向披靡的威武形象,从而表现了词人的远大抱负。词的下片写梦醒后的情境,描写了清冷孤寂的环境,既和梦境形成鲜明对照,又和词人的雄心壮志相映衬。全词以梦境与现实的交织对比,来抒写词人至死不衰的爱国激情,颇具沉雄悲壮之美。

【知识链接】

　　词,又称长短句、词余,是配合燕乐而填写的歌诗。词的文学流派主要分为婉约派和豪放派两大类,其中,婉约派的代表人物有李煜、晏殊、柳永、秦观、周邦彦、吴文英、李清照等;豪放派的代表人物有苏轼、辛弃疾、岳飞、陈亮、陆游等。

49 赴戍登程口占示家人

林则徐

一

出门一笑莫心哀,浩荡襟怀到处开。

时事难从无过立,达官非自有生来。

风涛回首空三岛,尘壤从头数九垓。

休信儿童轻薄语,嗤他赵老送灯台。

二

力微任重久神疲,再竭衰庸定不支。

苟利国家生死以,岂因祸福避趋之?

谪居正是君恩厚,养拙刚于戍卒宜。

戏与山妻谈故事,试吟断送老头皮。

【赏　析】

　　林则徐因严禁鸦片,触怒了腐朽的清政府,被贬谪到新疆伊犁。在古城西安与妻子离别赴伊犁时,写下这两首诗。两首诗情感激荡,表现了诗人忠君报国的决心,表达了诗人不计较个人得失的洒脱情怀以及乐观旷达的精神状态。虽然被贬谪,但诗人对未来充满信心,对国家的忠诚和热爱之情溢于言表。

【知识链接】

　　林则徐(1785年—1850年),福建省侯官(今福建省福州)人,字元抚,又字少穆、石麟,晚号俟村老人、俟村退叟、七十二峰退叟、瓶泉居士、栎社散人等,是清朝末期的政治家、思想家和诗人,官至一品,曾任江苏巡抚等,两次受命任钦差大臣;因其主张严禁鸦片、抵抗西方列强的侵略、坚持维护中国主权和民族利益而深受全世界中国人的敬仰,有"民族英雄"之誉。1850年11月22日,民族英雄林则徐在普宁老县城病逝。

50　步出夏门行·观沧海

曹　操

东临碣石，以观沧海。

水何澹澹，山岛竦峙。

树木丛生，百草丰茂。

秋风萧瑟，洪波涌起。

日月之行，若出其中；

星汉灿烂，若出其里。

幸甚至哉，歌以咏志。

【赏　析】

　　本诗借景抒情，虚实相生，准确生动地描绘出海洋的形象，单纯而又饱满，丰富而不琐细。诗人运用大胆的夸张和想象把描写海上壮丽的景色与抒发自己的雄心壮志巧妙地融合在一起，创造出雄浑开阔的诗歌意境，表现了诗人博大的胸襟和远大的抱负。

51 书 愤

陆 游

早岁那知世事艰,中原北望气如山。

楼船夜雪瓜洲渡,铁马秋风大散关。

塞上长城空自许,镜中衰鬓已先斑。

出师一表真名世,千载谁堪伯仲间!

【赏 析】

　　整首诗以"愤"为意脉,整体上表现了诗人壮志未酬,老而弥坚,不坠青云的昂扬斗志和爱国情怀。通过这首诗,我们可以看到诗人深厚的爱国情怀和对追求理想的执着,同时也表达了诗人对现实的不满和无奈。这首诗的意境开阔,语言简练而富有力量,是陆游诗歌中的佳作之一。

52　十一月四日风雨大作

陆　游

僵卧孤村不自哀,尚思为国戍轮台。

夜阑卧听风吹雨,铁马冰河入梦来。

【赏　析】

　　这首诗以自然景象为背景,通过夸张的艺术手法和深沉的情感表达,展示了诗人陆游的爱国情怀和壮志未酬的悲愤之情。它不仅具有极高的艺术价值,也为我们提供了宝贵的人生启示和思考。在今天这个和平的年代里,我们更应该珍惜来之不易的幸福生活,同时也不忘历史教训,为国家的发展和繁荣贡献自己的力量。

53 垓下歌

项 羽

力拔山兮气盖世。时不利兮骓不逝。

骓不逝兮可奈何！虞兮虞兮奈若何！

【赏　析】

　　《垓下歌》是西楚霸王项羽败亡前所作的一首绝命诗，展现了其英雄末路的悲壮情怀。诗中"力拔山兮气盖世"一句，生动展现了项羽的英雄与自信，其气概超越世人，豪气干云。然而，"时不利兮骓不逝"却道出了他面临的困境，天时不利，连心爱的乌骓马都无法前行，使他陷入绝望的境地。接下来的"骓不逝兮可奈何！虞兮虞兮奈若何！"则表达了他对美人和名驹的怜惜，以及面对失败时的无奈与悲凉。全诗情感真切，格调悲壮，通过虚实结合的手法，生动地展现了项羽的豪情与悲凉，使读者深刻感受到他作为英雄的无奈与悲哀。

54　醉中出西门偶书

陆　游

古寺闲房闭寂寥,几年耽酒负公朝。

青山是处可埋骨,白发向人羞折腰。

末路自悲终老蜀,少年常愿从征辽。

醉来挟箭西郊去,极目寒芜雉兔骄。

【赏　析】

《醉中出西门偶书》通过描绘诗人醉酒后的所见所感,以及对自己过去与现在的对比,展现了诗人虽怀爱国之志,却有志难伸的苦闷与愤懑,同时也体现了诗人以身许国的豪情和洁身自好的品质。

【知识链接】

《醉中出西门偶书》中的典故主要包括"青天埋骨"的爱国情怀、"不为五斗米折腰"的清高气节、"从征辽"的壮志抱负以及对"雉兔骄"的讽刺批判等。这些典故的运用不仅丰富了诗歌的意蕴和表现力,也深刻揭示了诗人内心的复杂情感和思想追求。

55 狱中题壁

谭嗣同

望门投止思张俭,忍死须臾待杜根。

我自横刀向天笑,去留肝胆两昆仑。

【赏　析】

这首诗以简洁明了的语言,表达了谭嗣同对于国家前途和命运的关切,以及他个人的坚定信仰和崇高理想。在诗中,他将自己比作"望门投止思张俭",暗示自己虽然身处囚牢,但心中却充满了对于革命事业的执着追求。同时,他也以"忍死须臾待杜根"表达了自己对于未来的坚定信念,相信自己和同志们的事业会继续发展下去。

【知识链接】

谭嗣同(1865年—1898年),字复生,号壮飞,湖南浏阳人,是中国近代著名的政治家、思想家,维新派人士。少时师从欧阳中鹄,后加入维新派。他主张中国要强盛,只有发展民族工商业,学习西方资产阶级的政治制度。他公开提出废科举、兴学校、开矿藏、修铁路、办工厂、改官制等变法维新的主张,写文章抨击清政府的卖国投降政策。1898年领导戊戌变法,失败后被杀,年仅三十三岁,为"戊戌六君子"之一。代表作品有《仁学》《寥天一阁文》《莽苍苍斋诗》《远遗堂集外文》等。

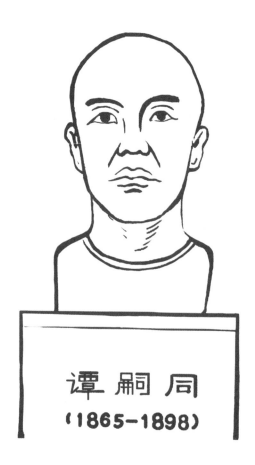

56　尽心上①

孟　子

孟子谓宋句践②曰:"子好游③乎? 吾语子游。人知之,亦嚣嚣④;人不知,亦嚣嚣。"

曰:"何如斯可以嚣嚣矣?"

曰:"尊德乐义,则可以嚣嚣矣。故士穷⑤不失义,达不离道。穷不失义,故士得己焉;达不离道,故民不失望焉。古之人,得志,泽加于民;不得志,修身见于世。穷则独善其身,达则兼善天下。"

【注　释】

① 选自《四书五经·孟子》,方勇译注,中华书局出版。
② 宋句践:古人名。
③ 游:游说。
④ 嚣嚣:无欲而自得其乐的样子。
⑤ 穷:政治上不得志,与下文的"达"相对。

【赏　析】

《尽心上》是儒家经典《孟子》中的一篇,主要论述了孟子关于人性、道德、修养等方面的思想。这篇文章通过孟子与弟子的对话,深入探讨了如何成为一个有道德、有修养的人,以及如何通过内心的修炼来达到心灵的升华。

57　过零丁洋

文天祥

辛苦遭逢起一经,干戈寥落四周星。

山河破碎风飘絮,身世浮沉雨打萍。

惶恐滩头说惶恐,零丁洋里叹零丁。

人生自古谁无死,留取丹心照汗青。

【赏　析】

《过零丁洋》是宋代文学家文天祥所作的一首七言律诗。整首诗情感深沉,气势磅礴,表达了诗人对国家和民族的深切忧虑和无私奉献的精神。诗中"山河破碎风飘絮,身世浮沉雨打萍"二句,用比喻的方式形象地描绘了当时国家的危局和个人的命运,使人深感其沉痛和无奈。而"人生自古谁无死,留取丹心照汗青"二句,则表现了诗人宁死不屈的崇高气节和爱国情怀,成为历史上著名的爱国名言。

【知识链接】

文天祥(1236年—1283年),字履善,又字宋瑞,号文山,庐陵(今江西吉安)人,南宋末年政治家、诗人,著名的抗元名臣、民族英雄,与陆秀夫、张世杰并称为"宋末三杰"。著有《过零丁洋》《文山诗集》《指南录》《指南后录》《正气歌》等作品。

58　大风歌

刘　邦

大风起兮云飞扬,

威加海内兮归故乡,

安得猛士兮守四方。

【赏　析】

《大风歌》是一首充满豪情壮志和深刻思考的诗歌。它通过对局势的描绘和对未来的展望,展现了刘邦的雄心壮志和坚定信念;同时通过对国家尚不安定的惆怅和焦灼的表达,反映了作者内心的深刻思考和忧虑。这首诗的语言质朴、大气磅礴,充满了艺术感染力,是中国文学史上的经典之作。

【知识链接】

刘邦(公元前256年—公元前195年),字季,沛丰邑中阳里(今江苏省徐州市丰县)人,汉朝开国皇帝,史称"汉高祖"。历史上杰出的政治家、战略家。汉高祖刘邦在击破英布军以后,回长安时,途经故乡,邀父老乡亲饮酒。酒酣,刘邦击筑高歌了这首《大风歌》,表达了他维护天下统一的豪情壮志。

59 得道多助,失道寡助

孟 子

孟子曰:天时不如地利,地利不如人和。三里之城,七里之郭,环而攻之而不胜。夫环而攻之,必有得天时者矣;然而不胜者,是天时不如地利也。城非不高也,池非不深也,兵革非不坚利也,米粟非不多也,委而去之,是地利不如人和也。故曰:域民不以封疆之界,固国不以山谿之险,威天下不以兵革之利。得道者多助,失道者寡助。寡助之至,亲戚畔之;多助之至,天下顺之。以天下之所顺,攻亲戚之所畔,故君子有不战,战必胜矣。

【赏 析】

《得道多助,失道寡助》是一篇充满智慧和深邃见解的古文,出自《孟子·公孙丑下》。这篇文章以战争为喻,深入阐述了"得道"与"失道"的哲理,即拥有道义的人会得到广泛的帮助,而失去道义的人则会陷入孤立无援的境地。它通过对比"得道"与"失道"两种情境、运用丰富的比喻和排比手法,向我们展示了道义的巨大作用和"人和"的力量,蕴含深刻的哲理和智慧。

60　出师表①

诸葛亮

臣亮言:先帝②创业未半,而中道崩殂③。今天下三分,益州疲敝,此诚危急存亡之秋也。然侍卫之臣,不懈于内;忠志之士,忘身于外者,盖追先帝之殊遇,④欲报之于陛下也。诚宜开张圣听⑤,以光先帝遗德,恢宏志士之气;不宜妄自菲薄,引喻失义,以塞忠谏之路也。

宫中、府中,俱为一体,陟罚臧否,⑥不宜异同。若有作奸犯科及为忠善者,宜付有司,论其刑赏,以昭陛下平明之治,不宜偏私,使内外异法也。侍中、侍郎郭攸之、费祎、董允等,此皆良实,志虑忠纯,是以先帝简拔以遗陛下。⑦愚以为宫中之事,事无大小,悉以咨之,然后施行,必能裨补阙漏,⑧有所广益。将军向宠,性行淑均,⑨晓畅军事,试用于昔日,先帝称之曰能,是以众议举宠为督。愚以为营中之事,事无大小,悉以咨之,必能使行阵⑩和穆,优劣得所也。亲⑪贤臣,远⑫小人,此先汉所以兴隆也;亲小人,远贤臣,此后汉所以倾颓也。先帝在时,每与臣论此事,未尝不叹息痛恨于桓、灵也。侍中、尚书、长史、参军,此悉贞良死节之臣也,愿陛下亲之信之,则汉室之隆,可计日而待也。

臣本布衣,躬耕于南阳,苟全性命于乱世,不求闻达于诸侯。先帝不以臣卑鄙⑬,猥自枉屈,⑭三顾臣于草庐之中,咨臣以当世之事,由是感激,遂许先帝以驱驰。后值倾覆,受任于败军之际,奉命于危难之间,尔来二十有一年矣。先帝知臣谨慎,故临崩寄臣以大事也。受命以来,夙夜忧叹,恐托付不效,以伤先帝之明。故五月渡泸,深入不毛。今南方已定,兵甲已足,当奖率三军,北定中原。庶竭驽钝,⑮攘除奸凶,⑯兴复汉室,还于旧都。此臣所以报先帝而忠陛下之职分也。至于斟酌损益⑰,进尽忠言,则攸之、祎、允之任也。愿陛下托臣以讨贼兴复之效;不效则治臣之罪,以告先帝之灵。若无兴德之言,则责攸之、祎、允之咎,以彰其慢。陛下亦宜自谋,以咨诹善道⑱,察纳雅言,深追先帝遗诏。臣不胜受恩感激。今当远离,临表涕泣,不知所云。

【注　释】

① 选自《古文观止》(岳麓书社2018年版)。

② 先帝:指三国时期蜀汉的创建者刘备。先:尊称死去的人。

③ 崩殂:指帝王之死。

④ 盖:原来。追:追念。殊遇:特殊的礼遇。

⑤ 开张圣听:意思是要后主广泛听取意见。

⑥ 陟(zhì):提升,奖励。罚:惩罚。臧否(pǐ):赞扬和批评。

⑦ 简拔:选拔。遗(wèi):给予。

⑧ 必能裨补阙漏:一定能够弥补缺点和疏漏之处。裨(bì):补。阙(quē):通"缺",缺失疏漏。

⑨ 性行(xíng)淑均:性情善良,品德端正。淑:善。均:公平、公正。

⑩ 行(háng)阵:指部队。

⑪ 亲:形容词用作动词,亲近。

⑫远:形容词用作动词,疏远。
⑬卑鄙:地位、身份低微,见识短浅。卑:身份低微。鄙:地处偏远,与今义不同。
⑭猥(wěi):辱,谦辞。枉屈:枉驾屈就。
⑮庶:表示期望。竭:竭尽。驽(nú)钝:比喻才能平庸,自谦辞。驽:劣马,指才能低劣。
⑯攘(rǎng)除:排除,铲除。奸凶:奸邪凶恶之人,此指曹魏政权。
⑰斟酌损益(zhēn zhuó sǔn yì):斟酌利弊。损:损害。益:益处。
⑱咨诹(zōu)善道:询问(治国的)良策。诹(zōu):询问,咨询。

【赏　析】

《出师表》的文学价值不仅在于其语言的简练和情感的深沉,更在于其思想的深刻和意义的重大。它不仅是诸葛亮个人情感的抒发,更是对整个蜀汉国家和民族的期望和呼唤。它激发了人们的爱国热情,也启示了人们要珍惜国家的繁荣和民族的尊严。

【知识链接】

诸葛亮(181年—234年),字孔明,三国时期卓越的政治家、军事家,人称"卧龙",汉末为避战乱,隐居隆中。后辅佐刘备统一我国西南地区,使全国形成魏、蜀、吴三足鼎立的局面。

"表"是古代奏议的一种,用于向君主陈述作者的请求和愿望。我国古代臣民给君主的呈文有不同的名称:战国时期称为"书",汉代则分为"章""奏""表""议"四类,在内容上有不同的分工(章以谢恩,奏以弹劾,表以陈情,议以执异)。此外还有一种专门议论朝政的文章叫作"疏",到魏晋南北朝时,此类文章又称为"表"。

梵净山

砥砺奋进　报国为民

不经一番寒彻骨，怎得梅花扑鼻香。要褪去年少的脆弱，要将胆识和勇气、坚强和毅力，化作坚硬的翅膀，振翅高飞，乘风破浪，自然不是易事。

青春正当时，不语复流年。『博爱、担当、责任、格局、胸怀』是理想，是灯塔，是座右铭。况『世之奇伟、瑰怪、非常之观，常在于险远，而人之所罕至焉，故非有志者不能至也』。而『有志』，无外乎珍惜寸阴的自律，攻坚克难的毅力，天下为公的誓言，身处泥沼而志洁行芳的品质，享受平凡、寂寞的心性，才能勇于担当，自尊自立，自强不息。刮骨疗伤，凤凰涅槃。我有毅力去做爱国的准备，有信心去创造属于自己的辉煌。请党放心：强国亦有我！

61　登鹳雀楼

王之涣

白日依山尽,黄河入海流。

欲穷千里目,更上一层楼。

【赏　析】

　　这是一首五言绝句,也是唐代五言诗的压卷之作。诗人在登高望远中表现出了不凡的胸襟和抱负,反映了盛唐时期人们积极向上的进取精神。"千里""一层",都是虚数,是诗人想象中纵横两方面的空间。"欲穷""更上"两个词语中包含了多少希望,多少憧憬!诗人运用极其朴素和浅显的语言,概括地描绘了祖国北方的壮丽山河,反映了作者开阔的胸襟。前两句写的是登楼望远的自然景色,其浩瀚壮阔、雄浑苍茫的大境界足以震撼人心。虽然只有十个字,却让我们如临其地,如见其景。作者做到了引缩万里于咫尺,使咫尺有万里之势。但是诗人觉得还不能把眼光局限在面前的景物上,还想望得更远,于是就自然地吟出了后两句。这首诗在写法上还有一个特点:它是一首全篇用对仗的绝句。前两句"白日"和"黄河"两个名词相对,"白"与"黄"两个色彩相对,"依"与"入"两个动词相对。后两句也如此,构成了形式上的完美。

砥砺奋进　报国为民

62　上堂开示颂

黄櫱禅师

尘劳迥脱事非常,紧把绳头做一场。

不经一番寒彻骨,怎得梅花扑鼻香。

【赏　析】

《上堂开示颂》是唐代著名僧人黄櫱禅师所作的一首无题诗。该诗用梅花顶风冒雪开放、发出芳香,比喻经过艰苦摸索,达到禅机顿悟的境地,从而表达了诗人劝诫世人为人做事应有梅花这般品性的思想。

【知识链接】

黄櫱禅师(？—855年),与黄檗(音 bò)、黄蘗指的同一人,是唐代靖州鹫峰(今江西省宜丰县黄櫱山)大乘佛教高僧。

唐武宗会昌年间,当朝宰相裴休在并州钟陵县(今江西省进贤县钟陵乡)两次记载黄櫱禅师的语录,收录在《钟陵绿》(钟陵录)、《宛陵绿》(宛陵录),后人整编进《传心法要》。

黄櫱禅师为宣城敬亭山广教寺之肇基者,史书记载,广教寺之肇基者,为晚唐之断际禅师希运,禅师系曹溪六祖之嫡孙,初居高安黄櫱山,故又称黄櫱禅师。唐大中二年(848年),裴休至宣州,迎断际禅师来宣,驻锡城内开元寺,第二年创建广教寺。

63　卜算子·咏梅

陆　游

驿外断桥边,寂寞开无主。已是黄昏独自愁,更著风和雨。

无意苦争春,一任群芳妒。零落成泥碾作尘,只有香如故。

【赏　析】

　　上片写梅花的艰难处境:驿亭之外的断桥边,一树梅花正寂寞地绽放着,无人理睬。暮色迷离,梅花无依无靠,寂寞无主,又遭受到风雨的无情摧残,它的处境更加孤凄了。下片托梅寄志,以梅花自喻,梅花并不想费尽心思去争芳斗艳,对百花的妒忌与排斥毫不在乎。直到花朵纷纷凋零,被碾作泥土,又化作尘土了,梅花依然独自吐着芬芳,散发着幽香。因为诗人不肯阿谀奉承,所以在政治上长期被排挤,他就像孤高寂寞的梅花,表现了作者身处逆境但坚贞自守的品格。

64　秋兴八首·其一

杜　甫

玉露凋伤枫树林,巫山巫峡气萧森。

江间波浪兼天涌,塞上风云接地阴。

丛菊两开他日泪,孤舟一系故园心。

寒衣处处催刀尺,白帝城高急暮砧。

【赏　析】

《秋兴八首》是代宗大历元年(766),杜甫旅居夔州时的作品。这是因景寄情,感叹身世,忧国伤时,抒发国运由盛而衰,不胜往昔之感的诗。这是第一首,可以说是组诗的序曲。诗中通过对巫山巫峡的秋色秋声的描绘,突出了阴森萧瑟、动乱不安的环境气氛,诗人忧国伤时,孤独寂寞的形象跃然纸上。

65　自　嘲

鲁　迅

运交华盖欲何求，未敢翻身已碰头。

破帽遮颜过闹市，漏船载酒泛中流。

横眉冷对千夫指，俯首甘为孺子牛。

躲进小楼成一统，管他冬夏与春秋。

【赏　析】

"横眉冷对千夫指，俯首甘为孺子牛"是全诗的核心和精髓，集中地体现出作者无产阶级的世界观。揭示内心深处的感情，把全诗的思想境界推到了高峰。表达作者对人民强烈的爱和对敌人强烈的憎，表现了作者在敌人面前毫不妥协，为人民大众鞠躬尽瘁的崇高品德。

【知识链接】

鲁迅（1881年—1936年），原名周樟寿，后改名周树人，字豫山，后改字豫才，浙江绍兴人。著名文学家、思想家、革命家、教育家、民主战士，新文化运动的重要参与者，中国现代文学的奠基人之一。

早年与厉绥之和钱均夫同赴日本公费留学，于日本仙台医科专门学校肄业。"鲁迅"是1918年发表《狂人日记》时所用的笔名，也是流传最为广泛的笔名。

鲁迅一生在文学创作、文学批评、思想研究、文学史研究、翻译、美术理论引进、基础科学介绍和古籍校勘与研究等多个领域具有重大贡献。他对于五四运动以后的中国社会思想文化发展具有重大影响,蜚声世界文坛,尤其在韩国、日本思想文化领域有极其重要的地位和影响,被誉为"20世纪东亚文化地图上占最大领土的作家"。

毛泽东曾评价道:"鲁迅的方向,就是中华民族新文化的方向。"

66 观书有感

朱 熹

半亩方塘一鉴开,天光云影共徘徊。

问渠那得清如许,为有源头活水来。

【赏　析】

　　诗人以景喻理,形象而又深刻,巧妙地表达了一种微妙的而又令人愉悦的读书感受。这首诗所表现的读书有所领悟时的那种灵气流动、思路明畅、精神愉悦活泼而自得自在的境界,正是作者作为一位大学问家的切身的读书感受。诗人在作品中所表达的感受虽然仅就读书而言,却寓意深刻,内涵丰富,可以做广泛的理解。特别是"问渠那得清如许,为有源头活水来"两句,表面是写水因为有源头活水不断注入才"清如许",实则预示人要心灵澄明,就得不断认真读书,不断求新求异,不断获取新知,才能达到至高的境界。

67　江南逢李龟年

杜　甫

岐王宅里寻常见,崔九堂前几度闻。

正是江南好风景,落花时节又逢君。

【赏　析】

　　李龟年是开元天宝年间著名的音乐家,常在贵族中演唱,当时很风光。杜甫曾和他是旧交。诗的开首二句是在追忆昔日与李龟年的接触,寄寓诗人对开元初年之鼎盛的怀念;后两句是对国事凋零,艺人颠沛流离的感慨。

68　悲陈陶

杜　甫

孟冬十郡良家子,血作陈陶泽中水。

野旷天清无战声,四万义军同日死。

群胡归来血洗箭,仍唱胡歌饮都市。

都人回面向北啼,日夜更望官军至。

【赏　析】

开首四句写在这场惨败的战役中,从十几个郡征来的良家子弟转眼间鲜血流满了陈陶水泽,战后的原野一片空旷,天地间一片肃穆。诗的第一句就用郑重的笔墨记录了这场悲剧事件的时间、牺牲者的籍贯和身份,渲染了庄重严肃的气氛。"血作陈陶泽中水"一句更令人痛心,乃至目不忍睹。接着诗人所感受到的是战罢以后的"野旷天清无战声",原野显得格外空旷,好像天地也在沉痛哀悼"四万义军同日死"这样一个悲惨的事件,渲染天地同悲的气氛和感受。后四句写胡兵的嚣张骄纵,他们妄想用血与火将一切都置于自己的铁蹄之下。长安人民向着北方,为四万义军悲伤哭泣,更加渴望官军前来讨平叛乱,收复长安。一"啼"一"望",加上中间一个"更"字,充分体现了人民的情绪。陈陶之战虽然伤亡惨重,但杜甫着力表现的是一种悲壮之美,它能带给人们力量,鼓舞人民为讨平叛乱而继续斗争。

69　饮酒·其五

陶渊明

结庐在人境，而无车马喧。

问君何能尔？心远地自偏。

采菊东篱下，悠然见南山。

山气日夕佳，飞鸟相与还。

此中有真意，欲辨已忘言。

【赏　析】

　　作者热爱自然，自然景物也随着他的出现而出现。时已傍晚，作者用"佳"字写南山之美，也正是反映了其热爱自然的心理。山鸟相伴归林虽是眼前之景，何尝不是反映了作者厌恶官场生活而归田的心理呢？可见作者不单是写自然之景，而且是从写景中表露出自己归田闲居的心情。"采菊东篱下，悠然见南山。山气日夕佳，飞鸟相与还"，此四句叙写诗人归隐之后精神世界和自然景物浑然契合的那种悠然自得的神态。诗人从南山美景联想到自己的归隐，从中悟出了返璞归真的哲理。飞鸟朝去夕回，山林乃其归宿；自己屡次离家出仕，最后还得回归田园，田园也为己之归宿。这种貌似平淡实则醇美的特色，实为一种更高的艺术境界，非常人所知，亦非常人所能。

70 行路难①

李 白

金樽②清酒③斗十千,玉盘④珍羞⑤直⑥万钱。

停杯投⑦箸⑧不能食,拔剑四顾心茫然。

欲渡黄河冰塞川,将登太行⑨雪满山。

闲来垂钓碧溪上,忽复乘舟梦日边。

行路难,行路难,多歧路,今安在。⑩

长风破浪⑪会有时,直挂云帆济沧海。

【注 释】

① 选自《全唐诗》卷一六二第三卷第 1686 页《行路难三首》之第一首。

② 金樽(zūn):酒杯。

③ 清酒:美酒。

④ 玉盘:玉制器皿,指精美的餐具。

⑤ 羞:同"馐",泛指美食。

⑥ 直:同"值"。

⑦ 投:丢下。

⑧ 箸(zhù):筷子。

⑨ 太行:太行山又名五行山、大形山、王母山、女娲山。

⑩ 多歧路,今安在:岔道这么多,如今身在何处? 歧:岔路。安:哪里。

⑪ 长风破浪:比喻实现政治理想。

71 关山月

李 白

明月出天山,苍茫云海间。

长风几万里,吹度玉门关。

汉下白登道,胡窥青海湾。

由来征战地,不见有人还。

戍客望边邑,思归多苦颜。

高楼当此夜,叹息未应闲。

【赏　析】

　　李白的这首诗在内容上继承古乐府,但其笔力浑宏,又有很大的提高。开头四句,以雄浑的笔墨描写了天山、云海、长风、明月、玉门关所构成的一幅辽阔的边塞图景,从而表现出征人怀乡的情绪。中间四句具体写到战争的景象,战场悲惨残酷,转出"由来征战地,不见有人还"的反战思想,战争使出征的战士无一生还。后四句写征人望边地而思念家乡,进而推想妻子月夜于高楼叹息不止,使全诗至此又进一层。全诗以征戍者的口吻,描写了边关的情形,更显出戍守边塞的将士对长期征战的厌恶和渴望还乡的心情。

72 望洞庭湖赠张丞相

孟浩然

八月湖水平,涵虚混太清。

气蒸云梦泽,波撼岳阳城。

欲济无舟楫,端居耻圣明。

坐观垂钓者,徒有羡鱼情。

【赏　析】

　　这一首请求引荐的诗不落俗套,极富有特色。前两联着力描绘洞庭湖汪洋浩荡、一望无际的壮观景象,表现了诗人广阔的胸襟。后两联由眼前景物的触发转向抒情。诗人面对浩渺无垠的湖水,想到自己到现在功名未遂,空有出仕的愿望,无人引荐,希望张九龄引荐,表达了自己求官的意愿和求举荐的心情。

73 塞上曲

王昌龄

蝉鸣空桑林,八月萧关道。

出塞复入塞,处处黄芦草。

从来幽并客,皆共尘沙老。

莫学游侠儿,矜夸紫骝好。

【赏 析】

边塞诗在盛唐诗作中别树一帜,为人们所称道。这首诗是诗人早年漫游西北边地时所作,这首诗描写胡地秋寒,戍边将士孤军转战的艰苦,以及功多反而获罪的不公平现象,寄寓着王昌龄对边疆爱国将士的同情和对朝廷的强烈不满。作者写了边塞秋景,可见慷慨悲凉的建安风骨遗韵;写戍边征人,有汉乐府直抒胸臆的哀怨之情;讽喻市井游侠,直接否定和批判了唐代纨绔子弟的浮夸风气。

74 太常引·建康中秋夜为吕叔潜赋

辛弃疾

一轮秋影转金波,飞镜又重磨。把酒问姮娥:被白发欺人奈何?乘风好去,长空万里,直下看山河。斫去桂婆娑,人道是清光更多。

【赏　析】

　　这是一首月夜感怀词。根据词的内容来推断,此词可能作于宋孝宗淳熙元年(1174年),当时辛弃疾在建康(今江苏南京)出任江东安抚司参议官。此时距作者南归已经整整二十年了。辛弃疾生平负有大志,一直渴望收复中原,海内清一。为此,他不断上书,大声疾呼,希望朝廷不要苟安求和,却因此而仕途困顿,壮志难伸,心中积蓄了太多忧愤。在一个月夜里,词人借着关于月亮的神话传说作此词一吐他心中的不快。这首词极富浪漫色彩,气象壮丽磅礴,值得我们反复吟咏。

75 鹊桥仙·纤云弄巧

秦 观

纤云弄巧,飞星传恨,银汉迢迢暗度。金风玉露一相逢,便胜却人间无数。柔情似水,佳期如梦,忍顾鹊桥归路。两情若是久长时,又岂在朝朝暮暮。

【赏 析】

这是一首咏七夕的节序词,借牛郎织女悲欢离合的神话故事,讴歌了真挚、细腻、纯洁、坚贞的爱情。上片写牛郎织女聚会,下片写他们的离别。全词哀乐交织,熔抒情与议论于一炉,融天上人间为一体,优美的形象与深沉的感情结合起来,起伏跌宕地讴歌了美好的爱情。词中明写天上双星,暗写人间情侣;其抒情,以乐景写哀,以哀景写乐,倍增其哀乐,读来荡气回肠,感人肺腑。尤其是末二句,使词的思想境界升华到一个崭新的高度,成为千古佳句。

【知识链接】

借牛郎织女的故事,以超人间的方式表现人间的悲欢离合,古已有之,如《古诗十九首·迢迢牵牛星》,曹丕的《燕歌行》,李商隐的《辛未七夕》,等等。宋代的欧阳修、张先、柳永、苏轼等人也曾吟咏这一题材,虽然遣词造句各异,却都因袭了"欢娱苦短"的传统主题,格调哀婉、凄楚。相形之下,秦观此词堪称独出机杼,立意高远。

秦观(1049年—1100年),字少游,一字太虚,号淮海居士,别号邗沟居士,高邮军武宁乡左厢里(今江苏省高邮市三垛镇少游村)人。北宋婉约派词人。秦观善诗赋策论,与黄庭坚、晁补之、张耒合称"苏门四学士"。尤工词,为北宋婉约派重要作家。所写诗词高古沉重,寄托身世,感人至深。长于议论,文丽思深,兼有诗、词、文赋和书法多方面的艺术才能,尤以婉约之词驰名于世。著作有《淮海词》3卷100多首,宋诗14卷430多首,散文30卷共250多篇。

76 老将行

王 维

少年十五二十时,步行夺得胡马骑。射杀山中白额虎,肯数邺下黄须儿。

一身转战三千里,一剑曾当百万师。汉兵奋迅如霹雳,虏骑奔腾畏蒺藜。

卫青不败由天幸,李广无功缘数奇。自从弃置便衰朽,世事蹉跎成白首。

昔时飞箭无全目,今日垂杨生左肘。路旁时卖故侯瓜,门前学种先生柳。

苍茫古木连穷巷,寥落寒山对虚牖。誓令疏勒出飞泉,不似颍川空使酒。

贺兰山下阵如云,羽檄交驰日夕闻。节使三河募年少,诏书五道出将军。

试拂铁衣如雪色,聊持宝剑动星文。愿得燕弓射大将,耻令越甲鸣吾君。

莫嫌旧日云中守,犹堪一战取功勋。

【赏 析】

　　这首诗叙述了一位老将不幸的经历。全诗分为三段。开头十句为第一段,是写老将少壮时勇猛,屡次立下战功。像汉时的李广一样不得志,但匈奴人对他非常敬畏。曹彰是曹操次子,曾经奋勇破敌,却将功劳归于诸将。诗人借用这两个典故来展现老将的才德智勇。但这样一位大将之才竟没有得到任何赏赐。中间十句为第二段,写老将被弃置不用之后连头发都白了,疡生左肘,不得不种瓜叫卖,门前冷落,从此无人往来。但是老将仍然志在千里,思量为国效力。最末十句为第三段,是写边烽未熄,老将不计恩怨,时时怀着杀敌的爱国衷肠。诗人用叙事的手法,从不同的角度刻画了一个功勋卓著而不计荣辱，一心报国而不计恩怨的"老将"形象。作品在颂扬了老将的高尚节操和爱国热忱的同时也揭露了当代统治者的赏罚不公、冷酷无情。这首诗用了大量典故堆砌而成，使"老将"的形象具有典型意义，有深重的历史感。

77　少年中国说(节选)

梁启超

任公曰:造成今日之老大中国者,则中国老朽之冤业也。制出将来之少年中国者,则中国少年之责任也。彼老朽者何足道,彼与此世界作别之日不远矣,而我少年乃新来而与世界为缘。如僦屋者然,彼明日将迁居他方,而我今日始入此室处。将迁居者,不爱护其窗棂,不洁治其庭庑,俗人恒情,亦何足怪!若我少年者,前程浩浩,后顾茫茫。中国而为牛为马为奴为隶,则烹脔鞭箠之惨酷,惟我少年当之。中国如称霸宇内,主盟地球,则指挥顾盼之尊荣,惟我少年享之。于彼气息奄奄与鬼为邻者何与焉?彼而漠然置之,犹可言也。我而漠然置之,不可言也。使举国之少年而果为少年也,则吾中国为未来之国,其进步未可量也。使举国之少年而亦为老大也,则吾中国为过去之国,其澌亡可翘足而待也。故今日之责任,不在他人,而全在我少年。少年智则国智,少年富则国富;少年强则国强,少年独立则国独立;少年自由则国自由;少年进步则国进步;少年胜于欧洲则国胜于欧洲;少年雄于地球则国雄于地球。红日初升,其道大光。河出伏流,一泻汪洋。潜龙腾渊,鳞爪飞扬。乳虎啸谷,百兽震惶。鹰隼试翼,风尘翕张。奇花初胎,矞矞皇皇。干将发硎,有作其芒。天戴其苍,地履其黄。纵有千古,横有八荒。前途似海,来日方长。美哉我少年中国,与天不老!壮哉我中国少年,与国无疆!

【赏　析】

《少年中国说》是梁启超的代表作之一,影响颇大,作者站在资产阶级改良派的立场上,在文中将封建古老的中国与他心目中的少年中国作了鲜明的对比,极力赞扬少年勇于改革的精神,鼓励人们肩负起建设少年中国的重任,表达了要求祖国繁荣富强的愿望和积极进取的精神。被公认为是梁启超著作中思想意义最积极、情感色彩最激越的篇章,作者本人也把它视为自己"开文章之新体,激民所之暗潮"的代表作。讴歌了祖国未来的英姿及其光辉灿烂的前程,对肩负着建设少年中国重任的中国少年寄予无限希望,鼓励他们奋然而起,投入到改造中国的战斗中去。

【知识链接】

梁启超(1873年—1929年),字卓如,一字任甫,号任公,又号饮冰室主人、饮冰子、哀时客、中国之新民、自由斋主人。清朝光绪年间举人,中国近代思想家、政治家、教育家、史学家、文学家,戊戌变法(百日维新)领袖之一,中国近代维新派、新法家代表人物。17岁中举,后从师于康有为,成为资产阶级改良派的宣传家。

78 诫子书

诸葛亮

夫君子之行,静以修身,俭以养德。非淡泊无以明志,非宁静无以致远。夫学须静也,才须学也,非学无以广才,非志无以成学。淫慢则不能励精,险躁则不能冶性。年与时驰,意与日去,遂成枯落,多不接世,悲守穷庐,将复何及!

【赏　析】

这是诸葛亮写给他儿子诸葛瞻的一封家书。从文中可以看出诸葛亮是一位品格高洁、才学渊博的父亲,对儿子的殷殷教诲与无限期望尽在此书中。全文通过智慧理性、简练谨严的文字,将普天下为人父者的爱子之情表达得非常深切,成为后世历代学子修身立志的名篇。三国时的蜀汉丞相诸葛亮被后人誉为"智慧之化身",他的《诫子书》也可谓是一篇充满智慧之语的家训,是古代家训中的名作。

79　愚公移山

《列子》

太行、王屋二山,方七百里,高万仞,本在冀州之南,河阳之北。

北山愚公者,年且九十,面山而居。惩山北之塞,出入之迂也,聚室而谋曰:"吾与汝毕力平险,指通豫南,达于汉阴,可乎?"杂然相许。其妻献疑曰:"以君之力,曾不能损魁父之丘,如太行、王屋何?且焉置土石?"杂曰:"投诸渤海之尾,隐土之北。"遂率子孙荷担者三夫,叩石垦壤,箕畚运于渤海之尾。邻人京城氏之孀妻有遗男,始龀,跳往助之。寒暑易节,始一反焉。

河曲智叟笑而止之曰:"甚矣,汝之不惠!以残年余力,曾不能毁山之一毛,其如土石何?"北山愚公长息曰:"汝心之固,固不可彻,曾不若孀妻弱子。虽我之死,有子存焉;子又生孙,孙又生子;子又有子,子又有孙;子子孙孙无穷匮也,而山不加增,何苦而不平?"河曲智叟亡以应。

操蛇之神闻之,惧其不已也,告之于帝。帝感其诚,命夸娥氏二子负二山,一厝朔东,一厝雍南。自此,冀之南,汉之阴,无陇断焉。

【赏　析】

《愚公移山》出自《列子》。《列子》文本的字里行间表达了崇尚虚静思想,强调人在自然天地间的积极作用。这显然是神话,在客观现实中是不存在的,但却反映了当时人们有"人定胜天"的强烈愿望,和变革大自然的雄伟气魄,也反映了作者对作品中所阐述的哲理思想的坚信,以神话的形式给予了肯定。寄未来理想的实现于神话,寓哲理思想于想象,作者这样写,就是为了让人们在精神上得到鼓舞,在情绪上受到感染。

【知识链接】

列子(约公元前450年—公元前375年),名御寇,亦作圄寇,又名寇,字云。战国前期道家代表人物。先秦天下十豪之一,道学家、思想家、哲学家、文学家、教育家。

列子是介于老子与庄子之间道家学派承前启后的重要人物,是老子和庄子之外的又一位道家学派代表人物。归同于老庄,被道家尊为前辈。创立了先秦哲学学派贵虚学派(列子学),对后世哲学、美学、文学、科技、养生、乐曲、宗教的影响非常深远。

80　黄生借书说①

袁　枚

黄生允修借书。随园主人②授以书,而告之曰:

书非借不能读也。子不闻藏书者乎?七略、③四库,④天子之书,然天子读书者有几?汗牛塞屋,⑤富贵家之书,然富贵人读书者有几?其他祖父积,子孙弃者无论焉。非独书为然,天下物皆然。非夫人之物而强假焉,必虑人逼取,而惴惴焉摩玩之不已,曰:"今日存,明日去,吾不得而见之矣。"若业为吾所有,必高束焉,庋藏焉,曰"姑俟异日观"云尔。

余幼好书,家贫难致。有张氏藏书甚富。往借,不与,归而形诸梦。其切如是。故有所览辄省记。通籍后,俸去书来,落落大满,素蟫灰丝时蒙卷轴。然后叹借者之用心专,而少时之岁月为可惜也!

今黄生贫类予,其借书亦类予;惟予之公书与张氏之吝书若不相类。然则予固不幸而遇张乎,生固幸而遇予乎?知幸与不幸,则其读书也必专,而其归书也必速。

为一说,使与书俱。

【注　释】

① 黄生:黄允修,生平不详。说:是古文体中的一种,这种体裁的文章往往是作者就

社会生活中的某种现象提出自己的看法,观点是"发人之所未发"的,一般以议论为主,也兼有记叙和抒情的成分。

②　随园主人:指袁枚,作者辞官后居住在江宁(今江苏省南京市)小仓山随园,因而自称"随园主人"。

③　七略:为汉代官府藏书目录,同时也是中国第一部综合性图书分类目录。

④　四库:此指清高宗乾隆年间编成的《四库全书》,它几乎收集了乾隆朝之前的所有传世文。

⑤　汗牛塞屋:搬运起来牛累得流汗,放在家里塞满了屋子,这里形容藏书很多。

【赏　析】

此文阐明了借书与读书的关系,以时不待人、时不再来,勉励后学专心攻读。作者在交代了写作缘起后,就提出"书非借不能读也"的观点,出人意表,引人深思。此观点看似偏颇,但读者读完全文后,方觉得其深刻,极有道理。作者先以藏书不读作为反证。皇家有《七略》之全、四库之富,各类书籍应有尽有,"然天子读书者有几?"富贵人家,藏书满屋,"然富贵人读书者有几?"至于祖、父辈积书,子孙辈弃而不读,这种现象太多了。于是作者总结道,有读书之便而无借书之苦的人"读书者有几"? 否定答案寓于反问之中。

【知识链接】

袁枚(1716年—1798年),清代诗人、散文家。字子才,号简斋,晚年自号仓山居士、随园主人、随园老人,钱塘(今浙江杭州)人。乾隆四年(1739年)进士,历任溧水、江宁等县知县,有政绩,四十岁即告归。在江宁小仓山下修筑随园,吟咏其中。广收诗弟子,女弟子尤众。袁枚是乾嘉时期代表诗人之一,与赵翼、蒋士铨合称"乾隆三大家"。著有《小仓山房文集》《随园诗话》等。

遵义会议会址

缅怀先烈 桑梓情深

家是最小的国,国是最大的家。为什么我的眼里还有泪水,只因这家、这国是我最深层的温暖。用智慧的眼睛审视家乡的历史,用虔诚的心灵感受家乡的温馨,用灵巧的双手描绘家乡的蓝图,用美好的语言讴歌家乡的变化,是家乡儿女对家乡真诚的爱恋。

继承是为了弘扬。让我们继承先烈的遗志,为家乡的建设、为祖国的繁荣富强而努力学习,共同去创造属于我们的美好未来吧!

今天,你呵护我成长;明天,你以我为骄傲!

81　忆秦娥·娄山关

毛泽东

西风烈,长空雁叫霜晨月。霜晨月,马蹄声碎,喇叭声咽。

雄关漫道真如铁,而今迈步从头越。从头越,苍山如海,残阳如血。

【知识链接】

　　忆秦娥是词牌名,源于李白的词句"秦娥梦断秦楼月"。娄山关是本词题目,也是本词的写作地点。此词写于娄山关激战之后,以娄山关之战为题材,虽然写的是翻越娄山关的行军情景,但表达的却是胜利后的所见所闻所感。娄山关战役是红军长征以来的首次大捷,其胜利为遵义会议的召开创造了条件。娄山关,在贵州省遵义城北娄山的最高峰上,建立在险峻的山峰之间,是贵州北部进入四川的重要隘口,娄山关地势极为险要,历来为兵家必争之地,《贵州通志》说它"万峰插天,中通一线"。

82　赠黔府王中丞楚

孟　郊

旧说天下山，半在黔中青。

又闻天下泉，半落黔中鸣。

山水千万绕，中有君子行。

儒风一以扇，污俗心皆平。

我愿中国春，化从异方生。

昔为阴草毒，今为阳华英。

嘉实缀绿蔓，凉湍泻清声。

逍遥物景胜，视听空旷并。

困骥犹在辕，沉珠尚隐精。

路遥莫及晞，泥污日已盈。

岁晏将何从，落叶甘自轻。

【赏　析】

《赠黔府王中丞楚》是唐代诗人孟郊的一首赠别诗，以明丽的笔触和深沉的情感，描绘了友人的品行和人格魅力，表达了诗人对友人的敬仰和祝福。"旧说天下山，半在黔中青。又闻天下泉，半落黔中鸣"，诗人以夸张的手法，描绘了黔中山水的壮丽景象，山清水秀,景色宜人。这里运用了对比的手法,突出了黔中山水的独特魅力和清新自然。"山水千万绕,中有君子行",诗人以山水的环绕为背景,描绘了友人王楚的品行和人格魅力。这里运用了象征的手法,将友人的品行比作山水的美景,表达了诗人对友人的敬仰和赞美。

83 南庵次韵二首

王阳明

一

隔水樵渔亦几家,缘冈石路入溪斜。

松林晚映千峰雪,枫叶秋连万树霞。

渐觉形骸逃物外①,未妨游乐在天涯。

频来不用劳僧榻,已僭②汀鸥一席沙。

二

斜日江波动客衣,水南深竹见岩扉。

渔人收网舟初集,野老忘机③坐未归。

惭觉云间栖翼乱,愁看天北暮云飞。

年年岁晚长为客,闲杀西湖旧钓矶④。

【注　释】

① 逃物外：人的魂魄离开了身体。此处是指人的思维、灵魂。

② 僭(jiàn)：冒昧。这里作谦辞用，意为没有征得同意。

③ 忘机：忘记世间烦恼。

④ 旧钓矶：过去钓鱼时坐的石头。矶：水边突出的岩石或石滩。

【知识链接】

　　王守仁(1472年—1529年)，浙江余姚人，字伯安，号阳明，世称阳明先生，故又称王阳明。是明代著名的思想家、文学家。他二十八岁参加礼部会试，名列前茅，中了进士，授兵部主事。明武宗正德元年(1506年)，因反对宦官刘瑾，被廷杖四十，谪贬至贵州龙场。正德十二年(1517年)，江西、广东等地爆发民乱，王守仁被朝廷重新起用，并平定了宁王等的叛乱，立下赫赫战功。王守仁不但武功非凡，也是著名的儒学大师，著有《传习录》等重要的著作，是儒家心性学说的集大成者。其临终遗言仅八个字——"我心光明，亦复何言"，代表了王守仁一生坦坦荡荡，让人敬仰。

84　镇远道中

林则徐

两山夹溪溪水恶,一径秋烟凿山脚。

行人在山影在溪,此身未坠胆已落。

盘陉崩石来无端,山前突兀复有山。

肩舆十步九扶掖,不尔倾蹶肤难完。

传闻雨后尤险绝,时有奔泉掣山裂。

此行幸值晴明来,峻坂驰驱已九折。

不敢俯睨千丈渊,昂头但见山插天。

健儿撒手忽鸣炮,惊起群山向天叫。

【赏 析】

嘉庆二十四年(1819 年),名臣林则徐路过贵州镇远时,看到地势险要,于是写下一首《镇远道中》。镇远古城在历史上一直是连接中原与西南边陲的军事重镇,是历代政权入主云贵高原的黔东要塞、滇楚锁钥,为兵家必争之地。史书载:"欲通云贵,先守镇远。"

明代大儒王阳明被贬贵州时,进入贵州后的第一站就是当时的镇远府。镇远古城被舞阳河以"S"形穿城而过,北岸为旧府城,南岸为旧卫城。两城池皆为明代所建。城内外明清古建筑、传统民居、历史码头数量颇多。经过千年发展,现在的镇远古城已经成了全国十大古城之一,全国 5A 级旅游景区,也是贵州唯二的中国历史文化名城(遵义和镇远)。

85 合 唱

林 青

用我心声的音波，

传给我的母亲，

就是这样，

你在东头，

我在西头，

我们都是这时代教成的牢囚！

当着这中秋是一年一度呀，

人间天上毕竟有条鸿沟。

见着这污屎桶，

仍旧精神抖擞，

我们这儿没有眉毛一弯，

唇儿一皱，

当月影拖着一丝尾巴，

倒在这墙角的时候，

最好是起来同奏一个合唱曲。

尽你所有的歌喉，

凭着西风的遥送，

传到母亲的心中！

【赏　析】

《合唱》这首现代诗表达了对母亲的思念，表明了作者为革命牺牲一切的决心，更表现了一名共产党员的坚定信念，和为党、为人民的事业英勇献身、视死如归的革命气节，也将作者阳光、青春、坚毅的形象永远地镌刻于高原山水之间。

【知识链接】

林青(1911年—1935年)，原名李远方，又名李肃如，贵州毕节人。是一名坚定的马克思主义、无产阶级战士，是贵州省早期革命的组织者和领导者，是中共毕节支部第一任书记、中共贵州省工委第一任书记。少年时当学徒，因不堪虐待，逃到四川。1930年到上海当工人，加入中国共产党，其间更名为"林青"，意为"永葆革命青春"的战士。1933年年底回贵州，创建贵州历史上第一个党支部。1934年红军长征到达贵州，他发展贵州地下党组织，配合中央红军进行革命工作。1935年1月任中共贵州省工作委员会书记，同年7月19日由于叛徒出卖不幸被捕，9月11日英勇就义，他也是国民党当局在贵州公开杀害的第一个共产党。

86 到贵州

赵希迈

涉历长亭复短亭,兼旬方抵贵州城。

江从白鹭飞边转,云在青山缺处生。

家务每因官事废,诗篇多向客途成。

耕桑尽自无荣辱,却悔当年事短檠。

【赏　析】

《到贵州》以简洁而富有意境的语言描绘了诗人的旅途和内心感受。长亭和短亭的描述传达了旅途的曲折和漫长。江水转向和云彩缺口的描绘增添了自然景观的美感。通过对官务和家务的对比,诗人表达了对官场生活和日常琐事的烦恼和无奈。他的诗篇多于客途成,说明他在旅途中表达情感和思考人生。最后,他对自己年少时光阴虚度的懊悔体现了对光阴流逝和时光珍贵的思考。

【知识链接】

赵希迈,字端行(一作瑞行),号西里,永嘉人。约公元1240年前后在世,即宋理宗嘉熙末前后在世。

87 黔之驿

王之涣

黔之驿,黄叶散,

白云深,泉声咽。

东邻云雾合,

西望巫山高。

峡路千岩断,

庾岭万仞摧。

川泽各异色,

飘飖秋水瞥。

【赏析】

　　这首由唐代王之涣创作的《黔之驿》,以极富画面感的笔触描绘了贵州的秋景。诗中的黄叶与蓝天、白云在浓密的绿意中交相辉映,"东邻云雾合,西望巫山高。峡路千岩断,庾岭万仞摧"。其中的"云雾""千岩""万仞"等词,把贵州山水的雄伟描写得淋漓尽致,让人仿佛置身于黔中秋日的山川之间,感受大自然的宏伟与壮美之处。

缅怀先烈　桑梓情深 | 149

88　碧云洞

孙应鳌

早罢荆门镇，言寻石户耕。风尘闲老眼，丘壑淡秋情。

忽枉骚人①劄②，深怀胜地盟。洞泉开僻壤，词赋振韶頀③。

一径层林入，千岩曲窦平。轩窗含宿润④，箭括⑤引新晴。

雪障罗青壁，霞标带赤城。龙蟠潭隐隐，猿啸谷砰砰。

五齹⑥俱旌美，千奇不辨名。鬼神留斧凿，造化见生成。

日净沉朝彩，天澄起夜声。蔚蓝盘岛屿，花鸟映空明。

信矣遗尘世，悠然薄太清。念心思得象，阅世欲餐英⑦。

何日搴裳⑧去，同居策杖行。钩元舒雅况，发兴出高评。

独往探牛斗⑨，相知洽弟兄。斯游如可遂，岂羡接蓬瀛⑩。

【注　释】

①骚人：狭义为多愁善感的诗人。泛指忧愁失意的文人。另外在古代历史上有一位被贬黜流放的名为屈原的诗人创作了《离骚》，故因称屈原或《楚辞》作者为骚人。

②劄：旧同"扎"。"目劄"在中医里指不停地眨眼的病，多见于儿童。也同"札"。

③韶頀：亦作韶英。意思是舜乐和帝喾乐。亦泛指古乐。

④宿润：指夜晚雨水对植物的滋润。

⑤箭括：汉语词语，意思是箭的末端。

⑥ 五匙：汉语词语，意思为五者，指雨、旸、燠、寒、风五种气候。

⑦ 餐英：汉语词汇，意思是以花为食。后用以指雅人的高洁。

⑧ 搴裳：汉语词语，犹褰裳。提起衣裳。

⑨ 牛斗：指二十八星宿中的牛宿和斗宿。典源《晋书》卷三十六《张华列传》。

⑩ 蓬瀛：意思是蓬莱和瀛洲。

【知识链接】

孙应鳌（1527年—1586年），字山甫，号淮海，谥文恭。贵州清平卫（今凯里市炉山镇）人，是贵州第一位有教育著作传世的教育家，明代四大理学家之一。其中心思想是"求仁"，并强调"无欲"的重要性，认为可以通过"无欲"达到"求仁"的目的。孙应鳌九岁能作文，嘉靖二十五年（1546年）中举人第一名。历官陕西提学副使、四川右参政、金都御史。隆庆六年（1572年）建清平山甫书院。后世谓之为"西南三大儒"之一，史称"名臣大儒"。

89　王若飞

乔延年

投身革命果失详,囹圄六年志不央。

播火燎原为济苦,宣传抗日写檄章。

渝州策辅鸿门宴,功谱名发辰斗光。

归陕银鹰缘雨落,魂潜宇宙任徜徉。

【赏　析】

　　《王若飞》是一首典型的七言律诗,具有鲜明的主题和强烈的情感色彩。首联"投身革命果失详,囹圄六年志不央",描绘了王若飞参加革命坚定不移的信念。这首七言律诗具有鲜明的主题、严谨的结构和优美的语言,生动地刻画了王若飞同志的伟大形象和崇高精神,具有很高的艺术价值和思想价值。通过这首诗,我们能够更深入地理解王若飞同志的精神品质和革命情怀,对于我们继承和发扬革命传统,实现中华民族伟大复兴的中国梦具有积极的推动作用。

【知识链接】

　　王若飞,幼年原名大伦,小名运笙(运生)、荫生,号继仁,曾用名王度、雷音,参加革命深入敌后期间化名黄敬斋,出生于贵州安顺,杰出的共产主义先驱、中共领导人、老一辈无产阶级革命家。青年时代,王若飞参加过辛亥革命和讨伐袁世凯运动。1922年6月,王若飞与赵世炎、周恩来等发起成立"旅欧中国少年共产党",积极从事马列主义的宣传。

历任中共中央秘书长、江苏省委书记、国家宣传部部长,并作为中共代表团代表之一,同国民党签订了著名的《双十协定》。2009年,王若飞被中央宣传部、中央组织部等11个部门评为"100位为新中国成立作出贡献的英雄模范人物"。

90　落花洞口

柳宗元

半岩初卧轻云外,解髻①垂髫②汉旭辉。

纵目岳阳千嶂在,微啼鹊语历云飞。

洞外古松侵夜雨,坛中野竹透波微。

峰高不驻一颦③马,寂寞千里依山堕。

【注　释】

① 髻:汉语二级字,读作髻(jì),形声。从髟,表示与毛发有关,吉声。本义是指发髻,亦可比喻优美的山峰。

② 髫:汉语二级字,读作髫(tiáo),形声。从髟,召声,头发下垂的样子。本义指小孩下垂的头发。

③ 颦:汉语二级字,读作颦(pín),基本字义是指皱眉,如颦眉、一颦一笑、颦蹙(皱着眉头,形容忧愁)。

【知识链接】

柳宗元(773年—819年),字子厚,出身河东柳氏,世称柳河东、河东先生。因官至柳州刺史,又称柳柳州、柳愚溪。唐代文学家、哲学家、散文家和思想家。柳宗元与韩愈共同倡导唐代古文运动,并称为"韩柳",与刘禹锡并称"刘柳",与王维、孟浩然、韦应物并称"王孟韦柳"。柳宗元一生留诗文作品达600余篇,其文章的成就大于诗作。骈文有近百篇,散文论说性强,笔锋犀利,讽刺辛辣。游记写景状物,多所寄托,被推为"游记之祖"。元和十四年(819年),柳宗元去世,享年47岁。南宋绍兴年间,宋高宗追谥其为文惠昭灵侯。

柳宗元是唐代大文豪,他的《落花洞口》展示了贵州的曲折地形和独特的山川景观。描述的洞口、古松和山峰,将诗人眼中的贵州尽情呈现出来,展现了贵州山水的壮丽与闲适。

91 黔峰行

李 白

贵州青苔尚解染,山下寒泉宛可留。

坛宫五月愁猿抱,天畔一枰应圣游。

笛满九天春未老,俊杰琴心付壮酬。

金英弹奏君休问,碧海青天独忘忧。

【赏 析】

诗中唯美的意象充分展示了贵州的山水之美。青苔、寒泉、美景交织成了一幅唯美的贵州画卷,同时也表达了诗人李白对贵州山川之间文化底蕴的赞美之情。

92　登采石矶

张之洞

艰难温峤东征地,慷慨虞公北拒时。

衣带一江今涸尽,祠堂诸将竟何之。

众宾同洒神州泪,尊酒重哦夜泊诗。

霜鬓当风忘却冷,危栏烟柳夕阳迟。

【赏　析】

甲午战争爆发后,张之洞由南京回到武汉任湖广总督,归舟经过采石矶时,张之洞下船登临览胜。遥想当年采石矶战场发生的诸多战事,一时间逸兴横飞,写下一首七言律诗,诗从歌咏与采石矶有关的历史事件开始,描写眼前的长江和诸将的公祠,想到国家遭受的灾难,忆往昔,泪洒席间。该诗风格豪迈,既有宋朝苏轼的雅致,也有辛弃疾的爱国豪情。本诗题目是"登采石矶",按理说本应写采石矶风光,但本诗有点特殊,只写所思所闻,却不多写具体景致。这与时代背景及作者当时的思想感情有密切关系。

【知识链接】

张之洞(1837年—1909年),字孝达,号香涛,时人皆呼之为"张香帅",晚清名臣、洋务派代表人物。他出生于贵州兴义府,祖籍直隶南皮。咸丰二年(1852年)即十六岁时中顺天府解元,同治二年(1863年)即二十七岁时中进士探花,授翰林院编修,历任教习、侍读、侍讲、内阁学士、山西巡抚、两广总督、湖广总督、两江总督(多次署理,从未实授)、军机大臣等职,官至体仁阁大学士。

93　奢香流芳

张志新

钦差王玮梁王灭，清扫元残明帝忙。

百万彝民归一统，千秋模范数奢香。

挨鞭裸背息民怒，忍辱担重流世芳。

闯殿惊皇除内患，聪明胆大美名扬。

【赏　析】

《奢香流芳》这首诗讲述了彝民统一后，奢香夫人身系重担，为彝族百姓忍辱负重，闯进皇宫以除内患等事迹，赞美奢香夫人一心为民的伟大胸怀。

【知识链接】

张志新，中共党员，出生在湖南桃源白洋河畔。老三届高中生，毕业于长沙市一中。通过自学考试毕业于中山大学哲学专业。投笔从戎十多年，转业地方工作。退休之后习作古诗词，陶冶情操、愉悦心情，弘扬正能量。诗词被编入文化部举办的第二届中国百诗百联大赛的《参赛作品精选》《通信兵的故事》《兰亭诗画》《桃源诗刊》，以及中国文联出版发行的《当代国学精英大辞典》《当代文坛百家传世精品诗词选》《当代中国诗人档案》。

奢香，生于元顺帝至正二十一年（1361年），系（四川蔺州）宣抚使、彝族恒部扯勒君长奢氏之女。奢香十七岁时嫁给贵州水西族的首领，丈夫去世以后，奢香代子摄政任贵州宣慰使一职。奢香在位期间，开驿道、平边乱，为加强彝汉人民的团结、密切西南地区与中央政府的关系作出了贡献，并打破禁忌，把神秘的彝文解放出来，使彝文成规模地出现在金石等载体之上，朱元璋评价奢香夫人胜过十万雄兵。

94　贵阳秋感

郑　珍

无多形胜感兴亡,万里秋阴接点苍。

石火年华催老大,海天愁思易悲凉。

谈经旧扫阳明席,问字谁登叔重堂。

野色江光连鬓影,武乡祠外倚斜阳。

【赏　析】

郑珍的《贵阳秋感》是一首充满深沉感慨的秋景诗。全诗围绕"秋感"二字展开,通过描绘秋天的景色,抒发了诗人对人生、历史、社会等问题的深沉思考。

【知识链接】

郑珍(1806年—1864年),贵州遵义人,字子尹,号柴翁。道光十七年举人,选荔波县训导。咸丰年间告归。同治初补江苏知县,未行而卒。学宗许郑,精通文字音韵之学,熟悉古代宫室冠服制度。有《礼仪私笺》《轮舆私笺》《说文新附考》《巢经巢经说》《巢经巢集》等。

95 有 感

李端棻

七十犹如此,百年将奈何。

觚棱空想象,日月已蹉跎。

伏枥惊残岁,攀鞍愧伏波。

四方多猛士,定可挽天河。

【赏 析】

整首诗情感深沉,语言简练,既有对过去的怀念和惋惜,也有对未来的期许和信心,展现出诗人深沉的家国情怀和豪情壮志。"伏枥"和"攀鞍"都是用来形容诗人自己年龄的词语,都带有一定的象征意义。"伏枥"一词来源于曹操的《龟虽寿》中的"老骥伏枥,志在千里",原意是指年老的千里马虽然已经不再驰骋疆场,但依然卧在马槽旁,心怀壮志。在这里,李端棻用"伏枥"来形容自己已经老去,身体和精神都已经不如从前,但依然保持着对未来的期待和豪情壮志。

【知识链接】

李端棻(1833年—1907年),字苾园,贵州省贵阳市人,清朝著名政治家、改革家、教育家,出生于贵州省贵筑县(今贵阳市)。北京大学首倡者、戊戌变法领袖、中国近代教育之父。同治元年(1862年),应顺天乡试中举,次年会试中进士。历任监察御史、刑部左侍郎、仓场总督、礼部尚书。第一个疏请设立京师大学堂(北京大学前身)。举荐康有为、梁启超,支持戊戌变法。戊戌政变后,被充军新疆。后赦归,主讲贵州经世学堂。晚年归故里,死后葬于永乐乡。

96　游太湖龙觜

杨文骢

晚色澹将夕，探奇出林薮。

大龙与小龙，砺齿震泽口。

鳞而鬐鬣张，岝岈悉诸有。

落潮洗泥涂，寒玉森户牖。

淘沙寻金书，人各系在肘。

吾欲穷其幽，虑为鬼所守。

肃然袍笏侍，下拜不敢苟。

岂知层云根，乃胜洞天九。

【赏　析】

　　整首诗以生动的语言和形象的比喻，描绘了太湖的壮丽景色，表达了诗人对自然的敬畏和赞美之情。诗中描述了作者在傍晚时分，怀着对自然奇景的向往，走出林丛探寻太湖的龙觜。诗中描绘了龙觜的壮丽景色，如巨龙砺齿、鳞鬐鬣张、落潮洗泥涂等，以及作者在探寻过程中的内心感受。这些描绘都体现了作者对太湖龙觜的深刻印象和热爱之情。

【知识链接】

　　杨文骢(1596年—1646年)，贵州贵阳人。明代著名的画家和官员。字山子、龙友，号陈龙、鹤巢、雪盦,少怀壮志,学兼文武,善书画,有文采。隆武元年(1645年)任兵部侍郎,提督军务,次年8月清兵入闽,被执不屈而死,举家三十余口全部罹难。著作有《山水移》《洵美堂诗集》《崇祯八大家诗选·杨文骢卷》,以及近年编辑出版的《杨文骢书画集》。

97　登黔娄山

杜　甫

雷尘百战飞干云,黔娄苍翠紫微分。

西望瀑布泻千尺,东寻天际碧峰新。

前村翠竹千竿直,斜挂银河万丈深。

居人浩浩满山野,登山流水触我心。

【赏　析】

《登黔娄山》这首诗是一首描写登山所见的山水诗。这是唐代文学巨匠杜甫在贵州登临黔娄山时所作。诗中的黔娄山被赋予了神秘而高远的形象,杜甫诗意激荡,展现了贵州山川的壮美景色以及对大自然的赞叹之情。诗人也通过描绘黔娄山人民的生活场景,表达了对人与自然和谐共处的理想生活的向往。

黔娄山,又称黔山、黔中山,位于中国贵州省中部地区,是武陵山脉的重要组成部分。黔娄山的地理位置优越,自然风光秀丽,文化底蕴深厚,因此成为旅游的热门目的地。

98　丁氏家训诗

丁宝桢

人非圣贤无高下,世代忠良不可差。

读书耕田不误时,精忠报国品自嘉。

廉洁奉公身高洁,尊老爱幼在天涯。

一旦蒙恩受命时,不负朝廷不负家!

【赏　析】

本诗的大意为百姓人家,要勤耕苦读,做人要尊老爱幼,为官要清正廉洁,不辜负国家和族人的希望。这一首家规诗对丁氏每一代子孙的影响都比较深。

【知识链接】

丁宝桢(1820 年—1886 年),字稚璜,贵州平远牛场镇(今贵州省毕节市织金县)人,晚清名臣。咸丰三年(1853 年),33 岁考中进士,先后任翰林院庶吉士、长沙知府、山东巡抚、四川总督。去世后朝廷赠太子太保,谥号"文诚",入祀贤良祠,并在山东、四川、贵州建祠祭祀,世人称他为"丁宫保"或"丁文诚公",贵州名菜"宫保鸡丁"就和丁公有关系。

99　二月十五日别贵州贡士汪汉陈玑辈饯于驻节亭

祁　顺

春初来贵阳，春半即回首。

群英集亭馆，劝我尊中酒。

斯文意味深，谈笑不知久。

仆夫催出门，风动河桥柳。

【赏　析】

《二月十五日别贵州贡士汪汉陈玑辈饯于驻节亭》一诗中作者祁顺描写的是当年参加会试之后，与和他一起参加会试的贵州贡士们分别时的情景，言语中透露着不舍的离别之情。

【知识链接】

祁顺（1434年—1497年），字致和，号巽川居士，东莞梨川人。明天顺四年（1460年）进士，选拔首甲，因姓名与皇帝朱祁镇（明英宗）音近，讳抑置二甲第二名。授兵部主事，出巡山海关，后转户部督饷临清，升员外郎郎中，曾任会试同考官。

贡士，是中国古代会试中考者之称，原指古诸侯推荐给天子的士。

祁顺在作品中运用了丰富的艺术手法和技巧，如象征、隐喻、比兴等。可以通过分析这些手法和技巧在作品中的具体运用，欣赏作者的文学造诣和审美追求。将祁顺的作品与其他明朝时期文学家的作品进行比较研究，可以探究祁顺在文学史上的地位和影响，以及他的作品对于后世文学的影响和启示。

100　乌蒙长歌(节选)

若　非

抬起头来,就看见他的乌蒙有了新的模样——

木质的电线杆,把远近连在一起

把黑夜点亮

宽了许多的乡村路,把里外拉近了许多

但他一生脚步短小,去大方之前

最远的旅行,是以列小镇

到毕节之前,最远的旅行

也只是大方

……

此刻我抬眼看见天空蔚蓝,小区之外

麻园大道上车流来往

——这是我的乌蒙。相比较于爷爷和爸爸的

那些陈旧的乌蒙,它在时光中新了一次又一次

蜕变了一次又一次——

泥巴路披上坚硬的水泥路外衣

柏油路把现代化的手伸向了更偏远的小镇

土墙房早就无地自容消隐而去

曾经的老木房子也害羞得躲着难见踪影

老教学楼被推倒,电视里的教学楼

走出了电视机来到了山里

我沿着祖先的足迹,走出了小小的山村

在大学整洁明亮的学堂

感慨新农村建设的高明

……

无数个乌蒙大地的人都一样,看着眼前的世界

日新月异地变化

像一只,展翅高翔的雄鹰

而每一个乌蒙人的梦想,都有一双

在时代里被保护的翅膀

每个人都像这一片土地一样,在空中飞翔

每一个梦想都如此相似,却又如此不同

它们是个人的梦想,是乌蒙的梦想

也是祖国的梦想

乌蒙,每一个人的乌蒙,都是

同一个乌蒙,却又是各不相同的乌蒙

它把旧衣服脱下,把新衣服换上

也不过是,数十年的时光

这时代的滚滚车轮,有时候静默无声

有时候犹如电闪雷鸣

曾经一定有破败的生活和瘦弱的梦想

但时代的步伐,终究推动着生活向前的风帆

在全球化的海洋中,我们都做好了准备

在经济高速发达的海洋徜徉

……

如今,泛黄而略显破烂的书页

记载着一页页,难忘的历史

但中国梦的征途中,乌蒙大地

会有一片新的景象。更壮美的诗篇

会写满,时间的史书

而此刻,再不需要什么灵动的夜莺

才能吟唱这片美丽的土地——乌蒙。

我们只需要抬眼注目,看一看眼前天地

想一想过往历程

就知道什么是美了

【赏　析】

《乌蒙长歌》是一首现代诗,作者根据自身的一些经历描写了他所生活的乌蒙山区的新旧变化,抒写了新时代中国特色社会主义给乌蒙山区带来的巨变以及乌蒙山区人民过上的美好生活。

【知识链接】

若非,贵州毕节人,80后新锐作家,穿青人。有时幽默风趣,有时沉默木讷。深居西南山区小城,习诗,写字,匆忙庸碌而又试图诗意地活在人间。已出版长篇小说《忧伤开满来时路》。创作涉及散文、诗歌、小说,其中散文和小说作品清新自然,诗意美好。

乌蒙山,也称乌蒙山脉,因山地所在地区历史上属乌蒙部和乌蒙府,故名,是滇东高原最大的一列山地,跨越滇黔两省边缘地带,四川、贵州、云南三省交界地带,东北—西南走向,山势挺拔陡峻,地势西南高,东北低,长约250千米,平均海拔约2500米。